# 覚醒剤アンダーグラウンド

## 日本の覚醒剤流通の全てを知り尽くした男

高木瑞穂
Mizuho Takagi

彩図社

# プロローグ

シャブ、S（エス）、スピード、クリスタル、アイス、氷、冷たいの――。これらは全て違法薬物〝覚醒剤〟の隠語である。

その結晶状の薬品を蒸留水に溶かし静脈注射する、アルミホイルに載せて下から炙り揮発した煙を吸うなどすると、脳神経系に作用して心身の働きを一時的に活性化させるばかりか、乱用により依存を誘発したり、覚醒剤精神病と呼ばれる中毒症状を起こすことがある。悲惨な事件や事故が頻発し、社会問題となったことで覚醒剤取締法が制定されたのは、一九五一年のことだ。

売人や常用者が捕まる光景は、いまや日常の一コマとなった。有名芸能人が所持や使用の罪に問われることも珍しくない。使用者総数が五〇万人とも言われる日本の覚醒剤は、密輸から小売りまで全てをヤクザが牛耳っている。牛耳っている、と書いたのは、決して大げさな話ではない。諸外国から陸路や空路で日本へ運ぶ「運び屋」、それを小分けして一般人に売る末端の「売人」らが一般人や外国人であることは少なくなく、いかにもヤクザが絡んでいないように見えるが、突き詰めれば、結局は組織にたどり着く。

外国で密造された覚醒剤の日本での販売価格は、ひとたび海を渡るだけで、生産価格の一〇〇倍に、時には一〇〇〇倍にも膨れ上がる。その利幅は、おそらくどんな商材をも凌ぐだろう。フィリピン密輸ルートで暗躍した麻薬取締官の肩書きを持つ男は、この白い粉を〝黄金の粉〟と形容した。かつては通貨の代わりとして機能していたことからも、シャブやスピードの隠語より、こちらの方がしっくりくる。

我が国の覚醒剤史を紐解くと、シャブはそもそも一九四一年、大日本製薬株式会社（現・大日本住友製薬）により商品名・ヒロポンとして日本で初めて合成された有機化合物で、蔓延については「第一次覚醒剤禍（一九四五年〜）」「第二次覚醒剤禍（一九七〇年〜）」「第三次覚醒剤禍（一九九五年〜）」の三つに大別されることが分かった。「第一次覚醒剤禍」は、第二次世界大戦中に眠気を除去し集中力を高めるという理由で日本軍に重宝されたヒロポンの中毒者が終戦直後、混乱した社会情勢のなか多く生まれたことを指すが、以降の「第二次覚醒剤禍」の裏ではヤクザや韓国と日本の、時の両政府が、「第三次覚醒剤禍」の裏ではヤクザや警察や米軍が跋扈《ばっこ》していた。むろん、ヤクザが絡んでいることは誰もが想像できよう。だが、政府や警察や米軍までとは思いもしなかった。

韓国から大使館員に密輸させて「第二次覚醒剤禍」を生み出し、後にフィリピンルートを開拓した重要人物は、僕の身近に潜んでいた。「第三次覚醒剤禍」の背景を求めて大物仲卸人、タイルートを知る人物、米軍関係者、税関職員、警察やマトリなどの捜査関係者たちにも接触した。それは驚きの連続だった。取材を重ねると、覚醒剤のアンダーグラウンドがベールを脱いだ。

これまで決して語られなかった秘史を紡ぎ出す、旅は始まる。

二〇二一年十月　高木瑞穂

# 覚醒剤アンダーグラウンド　【目次】

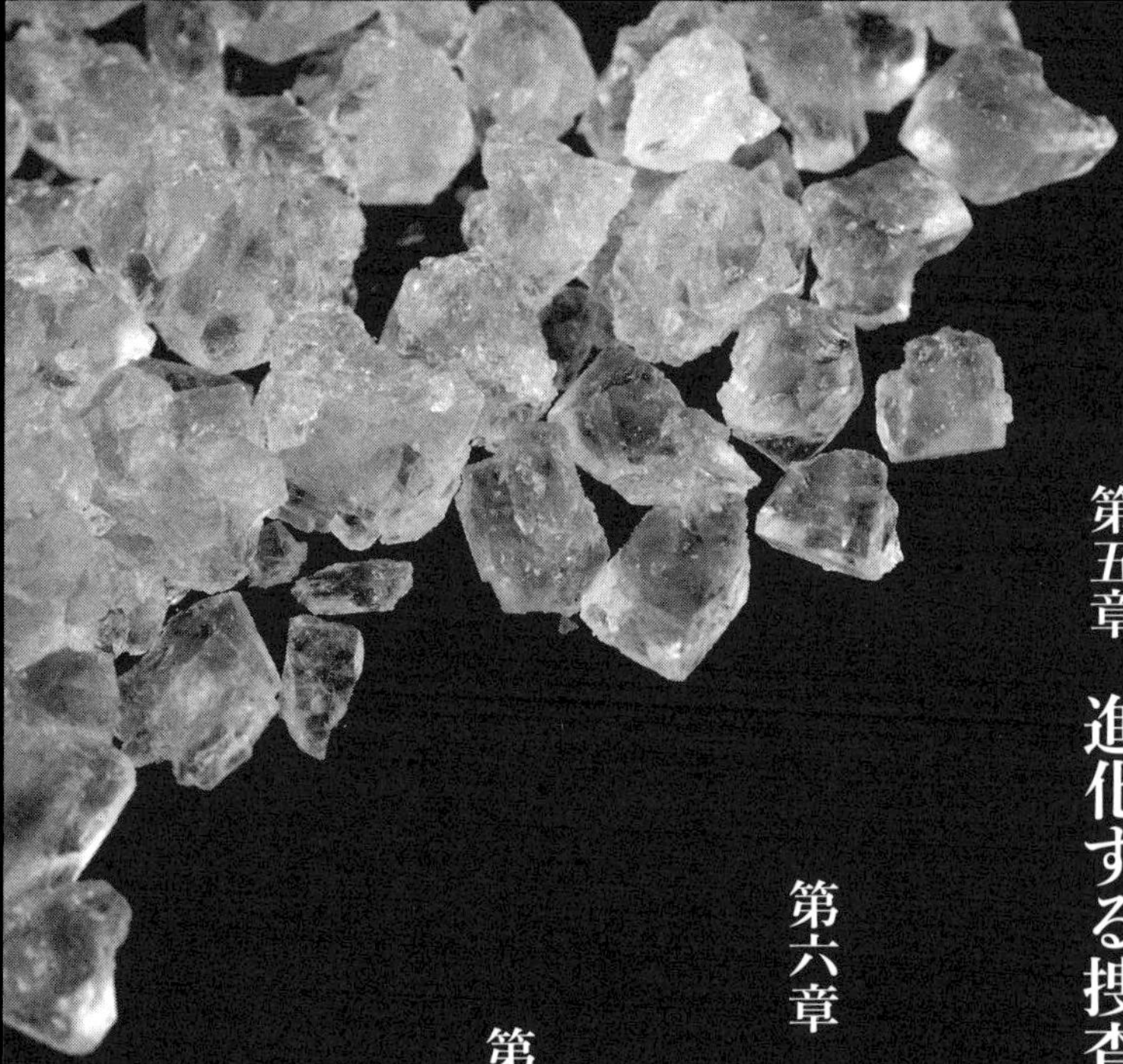

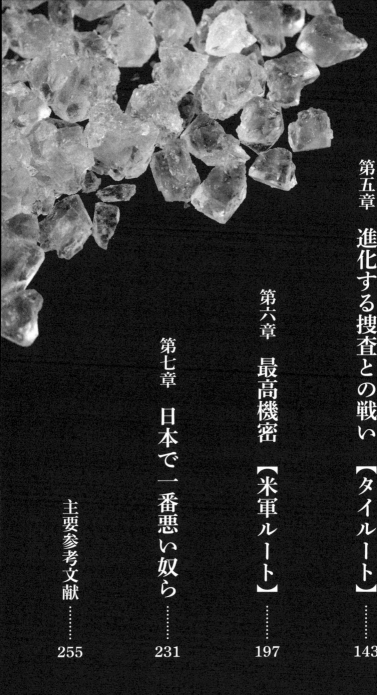

※本書に掲載している新聞記事の一部は、読みやすさを考慮し、
内容を改変することなく省略や要約を行っています。

# 第一章 ◉ 日本にシャブを広めた男

## 覚醒剤史の重要人物

なぜ覚醒剤はなくならないのか——。

この取材は、僕が日頃から漠然と抱いていたこんな疑問から始まった。

二〇一六年秋の昼下がり、都内北部のうらぶれた雰囲気が漂う喫茶店で、僕はいつものように和久井寅夫《わくいとらお》（七〇代、仮名）から戦後ヤクザ史のレクチャーを受けていた。周辺者が〝会長〟と呼ぶ和久井との出会いは三年ほど前、共通の知人である歌舞伎町を根城にする元ヤクザ組織幹部の男から、「かつては関東有力組織の大幹部の金主だった」との触れ込みで紹介されたことがきっかけだ。和久井の事務所で雑誌記者をしていること、事件を中心に取材をしていることなどを取り留めもなく話したそのとき、なぜか僕のことを気に入ってくれた彼とは、以来、月に一度ほどのペースで、こうしてお茶を飲みながら話をするのが慣例になっていたのだ。

ふと初老の店主を見ると、覚醒剤使用の容疑でミュージシャンのＡＳＫＡが逮捕されたテレビ報道をじっと見つめていた。

ＡＳＫＡは二〇一四年にも覚醒剤取締法違反で逮捕されている。前回の逮捕から二年も経たずに再逮捕ということで、改めて薬物の恐ろしさを印象づけるが、それより、こうして警察やマトリによる懸命な捜査がなされているにも関わらず、なぜ覚醒剤が減らないかと不思議に感じるものだ。

ニュースを見て怪訝そうな表情をする僕に、和久井は言った。

「麻薬、詐欺、風俗……いまのヤクザの主な収入源は、この三つだ。かつてのヤクザは賭博や用心棒をシノギとしていて、これらには基本的には手をつけなかった。首を突っ込んだとしても、例えば麻薬を扱う場合にはルールがあったんだ。アンタ、麻薬はどんな理由で存在しているか分かるか?」

無法者に見られがちのヤクザであっても、かつては規律を守って麻薬を捌いていたという。返答に窮していると、和久井は続けた。

「麻薬はな、国際戦略の一つだったんだよ。日本もアメリカも、世界各国が麻薬を武器にした。通貨の代わりなんだ。各情報機関が現地の人間を雇う際、お金の代わりに麻薬で給料を払った。つまり、一番カタい国際通貨だった。かつては、例えば中国の現地人にとっては、日本のお金なんて何の値打ちもなかった。だから貴金属、美術品、麻薬で支払った。それで日本は、中国に一大麻薬帝国を作り、当時の中国の五分の一は麻薬で賃金を受け取るようになった。国際戦略、軍事戦略、諜報戦略の一環として、麻薬は、お金の代わりを果たした。驚くかもしれないけど、これは現実だ。

戦後、日本はヒロポンが大流行した。いまでいうシャブだよな。戦時中、学徒出陣の青少年たちを特攻隊として片道切符で行かせるには狂人に仕立て上げるしかなかった。ヒロポンを打つと、愛国心と相まり戦意が高揚し、半狂乱のまま特攻した。

ヒロポンの製造工場は日本と韓国にあった。そして戦後、製造工場は韓国だけになった。大流行したヒロポンは、覚醒剤取締法により一時、鎮静化した。そして再び、今度はヒロポンでなく覚醒剤として大流行する」

和久井は大きく一息ついた。そして続けた。

「その火をつけたのは俺だったんだよ」

「えっ、つまり和久井さんが日本にシャブを広めたってことですか？」

驚く僕に、和久井は衒《てら》いもなくこう言い放つ。

「だからいま、深く反省しているよ。というのも、俺たちはルールを持って覚醒剤を扱ってきた。あのな、覚醒剤は、国家戦略を抜きにしたら誰のためにあるのか。アレは、夢を失った人間の、最後の逃げ道なんだよ。借金だらけで売春婦になった人間。ヤクザ社会からもはみ出てしまった人間。そんなヤツらが最後に夢を見られる拠り所が麻薬だ。未来に対する選択肢の少ない人間にとって、一時の夢を見られる道具だったんだ。シャブを打つとな、どんな大金持ちでも感じられない高揚感や達成感がある。要するにな、生きながらにして天国に行けるんだ。

だから一九六〇年代中頃から一九八〇年代中頃にかけての裏社会のリーダーたちは、それを熟知し、実際に売買をする部下たちに『未来のある人間には絶対に売るな』と釘を刺した。そうした厳しい不文律があった。

ところが、以降のヤクザはその倫理をすべて取り払ってしまった。オンナだろうが子どもだろうが、若いうちから〝患者〟にしてしまおうという方針だ。主婦にしろ、アレに手を出してしまったら夫婦関係も家庭関係も終わる。つまり、いま、麻薬の世界にそういうルールが全くない。

これは誰の責任だと思う？　ヤクザだけの責任じゃない。麻薬市場を管理する人間が不在のまま暴対法を作ってしまった国の責任もある。国家がな、暴対法を作ったりしてヤクザを締め付けたけど、まあそれはいい。でも、そうしてヤクザを排除するなら自分たちが麻薬の管理者にならなくちゃいけない。麻薬と賭博と売春は永久になくならない。それは歴史が示している。いまからでも麻薬の管理者を定めコントロールすべきなんだ」

我が国にシャブを蔓延させた張本人が目の前にいるなんて、いったい誰が信じるものか。ヤクザやマトリの取材に長けた知人の記者にこの話をすると、「そう嘯《うそぶ》いて自分を大きく魅せるヤクザなんていっぱいいるからね」と一蹴された。加えて和久井から「書くな」と釘を刺されたこともあり、まだこの段階ではさして気にはとめていなかった。

あれから三年――。

二〇一九年冬の昼下がり、また僕は和久井と馴染みの喫茶店にいた。まだ関係は続き、それはより強固になっていた。

このとき僕は、和久井が日本の覚醒剤史の重要人物だと、なんとなくではあるが思い始めていた。

なぜ僕がそう思うに至ったのか。和久井と親交のある複数のヤクザ組織幹部からの裏取りに加え、二日前に起きた新宿・歌舞伎町のカラオケ店でヤクザが射殺された事件を受け記事を書くにあたり、過去のヤクザ同士の抗争事件について尋ねる僕に対して、どのメディアも報じていないのにも関わらず、その背景を実名を出して見事に解説してみせたからである。

以下はその記事である。

## ◆死亡男性は稲川会系組長

神奈川県伊勢原市の伊勢原協同病院の駐車場で二十日未明、顔に傷を負った男性が放置され死亡した事件で、県警は、死亡したのは指定暴力団稲川会系暴力団組長と発表した。傷害致死事件とみて、放置して立ち去った男の行方を追っている。

また同日午後一時ごろ、東京都新宿区大久保一（丁目）の雑居ビルで、一階にある会社事務所のシャッターに銃弾が撃たれた痕が三カ所あるのを、警視庁新宿署員が発見。ビルの上階には指定暴力団住吉会系組事務所があり、警視庁は事件への報復の疑いもあるとみて、調べている。

（「東京新聞」二〇一六年一二月二二日）


「このヤクザ同士の抗争とみられる事件について、何かご存知ないですか」

和久井は事もなげに言った。

「背景には覚醒剤がある。関東の組織Aの男ふたりが、別の関東の組織Bが持つ覚醒剤のシマを奪おうとしたんだ。関東の組織Aに城島（仮名）という男がいた。城島は関東で麻薬の一大シンジケートを作っていた。四年ほど前、城島は死んだ。

城島には約二〇〇人の部下がいた。残された城島の妻はその後、関東の組織Bの幹部と一緒になった。すると、部下の三分の一が妻にくっついて関東の組織Bに行ってしまった。

新たに城島の妻の亭主になった幹部の男は、城島の残党を引き連れ麻薬の世界で勢力圏を築いた。残りの三分の二の組織は、矢澤（仮名）という男が陣頭指揮を執り、その矢澤もまた城島が築いた麻薬の利権構造のなかで生きていた。

だからこの抗争は、城島の遺産相続争いみたいなものだ。なにせ、昔は仕入先も売場も一緒だった。ところが、やっかいなことに、妻が別の組織に行っちゃったからな。

結果、すぐに五分の手打ちになった。なぜ？　今回の殺しには大義名分がないから。『シャブの利権争いで抗争になりました』なんて、恥ずかしくて世間様には言えないだろ」

和久井は関東の覚醒剤事情を熟知していた。どの組織が元締めで、誰が仕入れていたかについて。

「別の組織に属しているが関東の組織Aに近い江藤（仮名）、関東の組織Aの幹部・野原（仮名）、そして野原の舎弟だった城島。かつて関東の麻薬シンジケートは、ほぼこの三人の独占状態だった。そうだな、三人で月に七〇〇キロは捌いていたな」

つまり関東のシャブは組織Aが牛耳っていたわけだ。

彼は続けた。

「もちろん他の組織も僅かな独自のルートがあったけど、ほとんど組織Aからもらったんだ。

もっと言えば、九州に組織Cってあるだろ？　組織Cは麻薬専門だ。組織Cはタイに覚醒剤の密造工場を持っている。ヤクザ組織のなかで初めて生産まで手掛けた先駆けだ。そしてビルマとバングラデシュには現地人が仕切るハシシュの工場があり、大麻樹脂も一緒に入れている。

密輸の方法は、すべて船。タイからフィリピン、台湾、沖縄、本州へと、船でリレー式に日本まで運ぶ。いわゆる〝瀬取《せど》り〟だ。沖縄がアメリカから返還されただろ？　以降は沖縄にさえ入れれば本州に運ぶことなんてわけない」

瀬取りとは、その名の通り瀬戸際で取る行為である。捜査機関の監視の目や税関を突破する常套手段として、我が国では密輸団に重宝されてきた。

日本の海岸線から一二海里（およそ二二キロ）を〝領海〟と呼び、基本的には国土と同等の主権が及ぶ。捜査機関は、その〝領海〟を侵犯する外国船がいないか巡視船を航行させて監視している。

密輸団は瀬取りの際、これより沖の領海外に貨物船を停泊させて覚醒剤の積み替えをする。シャブに防水処理を施しGPSをつけてブイ（浮標）と共に洋上に流し、あとで懐柔済みの漁船に回収させ港まで運ばせたり、漁船やクルーザー、水上バイクで直接受け取り陸揚げする手口が一般的だ。

この、密輸の最終段階を担う、貨物船と陸とを往復して税関を通さず覚醒剤を運ぶ仕事人を〝横持ち屋〟と呼ぶ。この横持ち業は、漁師が秘密裏に行ってきた伝統の裏商売だ。物流用語の、最短距離で搬送するのではなく他の場所を経由し寄り道をしながら配送をする〝横持ち〟に由来する。捕まるリスクはあるが、小一時間ほどの作業で数百万のカネが舞い込むため、背に腹はかえられないとばかりに手を染める漁師も少ないながらいるのである。

和久井が続ける。

「海上保安庁の監視も、人工衛星の目も韓国、中国や北朝鮮の漁船を追跡するので手一杯だ。もちろん警察やマトリの監視が厳しい時もある。その場合は宮古島で降ろす時もあれば石垣島で降ろすことも。一時的に保管するんだ」

九州の組織Cがタイに覚醒剤工場を持ち、そこから船で密輸され、積荷はいったん沖縄で降ろされた後、関東へと運ばれる。では、関東の組織Aはどこから覚醒剤を仕入れているのだろうか。

和久井は堰《せき》を切ったように言葉を吐いた。

「だから九州の組織Cと提携してるんだよ。組織Cは、静岡から北海道までの東日本の販売網は全て組織Aに委託した。要するに卸業に専念した。そして組織Aが別組織に仲卸する流れになっている。

前にアンタに言っただろう、江藤と警視庁は一体化している、と。理由は単純だ。東日本の覚醒剤は組織Cから組織Aを経由して散らばる。その組織Aと手を組めば覚醒剤を管理しやすいからな。だから江藤の所だけを活かし、江藤から情報を得ることで他を潰したんだよ。つまり警視庁にとって江藤は〝必要悪〟だ。江藤は頭がいいから、警視庁の麻薬や暴力団対策の主だった人間たちを賄賂で買収した。

もちろん警視庁は、最初は江藤をエス（情報提供者）として利用しているつもりだった。すると、いつの間にか自分たちが利用される側に。事実、江藤の所に警視庁が家宅捜索してもカネもブツも出て来ず全く証拠があがらない。カラクリは、江藤は司令塔で直接シャブを触ることはないが、通帳から何から証拠になるモノは警視庁の幹部連中が預かり、事情を知らない末端たちが捜査に動いたとしても事前に知らせているからだ。俺は、幹部たちが江藤の通帳を持っている現場を見ている。それで管理費の名目で賄賂をもらっているんだから」

ヤクザと警視庁の癒着は複数のヤクザから聞いたことがある。

「裏カジノは談合の世界だ。エリアごとに出店数の上限を決め、他の組織が進出してきたら情報を流して取り締まる密約ができている。一方で警視庁と癒着する裏カジノも、ときにはカモフラージュのためにガサが入る。もちろん『次の箱を用意しておけ。その日は上客以外の潰してもいい客だけを置いておけ』と事前連絡があってのことだ。だから手入れがある日は、カネのないギャンブル依存症だけしか入れない。そうして上客と箱を確保してすぐにでも営業再開できる準備を整えてからの摘発だから、痛くもかゆくもない」

ヤクザの男は経営する六本木の裏カジノの便宜を図ってもらい、警視庁の組織犯罪対策課警部は闇に隠れて新規に出店する別の裏カジノの情報をもらう、それが非合法ギャンブルの世界だ。

別のヤクザも言っていた。クスリについてだ。

「警察のエスになり、自分のシノギを見逃してもらっているヤクザは実際にいる。シャブ界では有名人なのに、ヤツはなぜか捕まらない。競合相手だけが捕まる」

だから理解しているつもりだ。もう何年も捕まらない歌舞伎町の違法パチスロ店も、赤坂の売春斡旋キャバクラが未だに続けられているのも、警察とズブズブであるからということぐらい。

でも、幹部たちが江藤の通帳を管理し、そこから賄賂をもらっているなんて話を、誰が信じるものか。半信半疑ながら質問を続けた。

では、江藤と関係が深い野原や城島はどうなのか。

「三人は一体だ」

「江藤をトップに……ですか」

「いや、江藤はいま、主だった活動はしてない。ただし、指示役としては君臨している。もちろん組織Bとの縄張り争いにも関与してない。もうその次元から突き抜けた存在だ。つまり、大きな〝荷物〟が入ってくるときに限り警視庁をバックに野原が動く。日々の細々した密売には一切関与してない」

いわば、決して表には出ないが裏で絵図を描く、積水ハウス地面師事件で暗躍した内田マイクのようなフィクサー的な立ち位置か。なんとなくだが理解した。僕はさらに質問を続けた。

「では、ときどき組織Aの下部団体が摘発されるのはなぜでしょうか。江藤の枝の組織は大丈夫なんじゃないんですか」

「彼らは単なる販売員だからな。江藤にとってはもはや、どこが逮捕されてもいいんだよ。なぜなら仲卸先はいっぱいあるから。

もっとも、だから困るんだ。ちゃんとした管理者じゃないヤツらが覚醒剤を売り歩いているからオンナや子どもに麻薬が行き渡る」

関東の覚醒剤界の大物それぞれと親交があるという和久井の話には、なるほど、それなりの説得力がある。

その顔に嘘はないと思った。が、むろん裏取りが必要だ。果たして野原は本当に覚醒剤界の、重要人物なのか。そもそも野原や江藤、城島なる人物は実在しているのか。

とりあえずヤクザに詳しいライターや警視庁のマル暴担当記者に当て取材をするも、誰ひとりとしてその名を知る者はいなかった。どころか、ヤクザやクスリ関係にめっぽう強い雑誌記者からも、「そうして嘯くヤクザはゴマンといるからね」と鼻で笑われてしまう始末だった。

そこで取材先をヤクザに切り替え、複数の関係者をあたると、苦心の末、その名を知る人物にたどり着けた。

「ああ、江藤さんね。前にシャブを扱わないかと誘われたことがあるよ」

信頼を置く某広域組織幹部からの証言だ。

もちろん証言者が足りない。そこでさらに時間をかけることで、その名を知る人物も増えた。元警視庁組織犯罪課の警部とマトリの現役捜査官も、江藤や城島の名前を知っていたのだ。こうした覚醒剤の最前線に身を置く者たちにとって、確かに野原や城島は〝大物〟として知られていたのである。特に元警視庁組織犯罪課の警部は「アイツは逃げ足が早いんだ。複数の拠点を転々とし、こっちがガサをかけても絶対に尻尾を出さない」と、冗談とも本気ともつかない話をしながら不敵に笑った。

ヤクザ幹部や捜査関係者が覚醒剤界の重要人物として認識している彼らは、決して新聞やテレビでは報じられることがない大物たちらしい。日本の覚醒剤史の暗部を垣間見た気がした。

## 〝氷漬け〟にされる客

覚醒剤の密輸や密売がヤクザのシノギであることは知っていた。もはや周知の事実と言っても過言ではない。だが、販売価格が生産価格の一〇〇倍にも膨れ上がることには驚いた。覚醒剤は儲かるのである。

では、利ざやの大きいシャブを、客はいくらで、どうして手に入れるのか。裾野から見えたのは、思慮分別のなさそうな少女が、大人たちによってシャブ漬けにされている実態だ。

「一七歳でシャブを覚えました。当時のオトコにポンプで打たれたのがきっかけです。キメると、もう全身がクリトリスになったみたいに敏感になるの。感度が上がって、指先をチョンと触られただけでも、もう大変」（二〇歳の女性）

これ以上の快楽はない。キメセクを経験するとシャブをヤメられないとオンナたちは口を揃える。

「一八歳、店舗型ヘルスで働いていたときでした。すごくクンニが上手な客がいました。テクニックだけじゃない。なんだかアソコが熱いんです。私が何度もイッたのを確認すると、男はパケ（覚醒剤が入った小袋）を手に『一緒にやらないか？』と誘ってきました。もちろんアソコに塗られるのも打つのも初めて。そのクンニが忘れられなくて結果、クスリを求めて店の外で会うようになりました」（二二歳の女性）

オンナは、男によって〝氷漬け〟にされシャブに心酔する場合が多いようだ。氷漬けとはつまり、人間をシャブ漬けにすることを指す。氷とは覚醒剤の隠語で、ガンコロ（覚醒剤の塊）が、氷に似た形状であることに由来する。

密造団を頂点とする覚醒剤ヒエラルキーにおいて、使用者の一つ上の階層が売人、それもヤクザではないカタギの〝末端〟である。その〝末端〟を探すため、過去に取材した売人の男に電話をするが、既に不通だった。次に知人の半グレの男を頼ると、「二人くらい当てがあるからセッティングします」と、あっさりだ。が、それも暗礁に乗り上げた。取材日まで決まっていたが、直前になって連絡が取れなくなってしまったのである。原因は過去に犯した罪での拘留だった。

こうして手駒をなくした一連の内情を、既に使用者取材の約束を取り付けていた、旧知の仲のベテランスカウトマンの宮下（仮名、四〇代、男性）に話すと、意外な答えが返ってきた。

「俺で良ければ」

代わりはすぐに見つかった。これほどまでに覚醒剤は身近なものなのかと実感させられた瞬間だった。宮下が続ける。

「おそらく売人に共通することだと思うけど、入り口は単なるシャブ中、いち使用者に過ぎなかった。二十年ほど前、最初は東京・町田の繁華街でイラン人から買った。ワンパケ（〇・八g／一万五〇〇〇円。価格は当時。以下同）から、少量ずつ買うんだけど、そのうち買う頻度が増えてきた。一回で使用する量も増えた。ワンパケで二週間もったのが、徹マン（徹夜マージャン）でどっぷりと使うようになり、一週間に一回買うようになった。電話でオーダーするんだけど、面倒だから一度に二パケずつ買うようになって、次第に仲間にも勧めるように。すると仲間も欲しいってなったんだ」

売人に相談すると、「三つ買えば一つサービスするよ」と持ちかけられた。

邪な気持ちが芽生えた。こうして毎回、余分に買えば、自分はタダで打てるではないか。

偶然は重なるものだ。さらに仲間のひとりが後輩たちも欲しいって言うからあと五、六パケ用意できないか、と追加で注文してきたのである。

「一〇パケ買ったら何パケおまけしてくれる？」

「だったらワンパケ一万でいいよ」

一〇万円で一〇パケ仕入れ、それを元値の一万五〇〇〇円で売る。差額の五万が実入りだ。頭でソロバンを弾いた。カネとシャブが同時に手に入るオイシイ状況に、迷いはなかった。よく言われるように、確かにポン中から売人になるケースは少なくないらしい。幸か不幸か宮下は、自然と流転した。

### 売人の実態

以来、長期にわたる売人稼業が始まる。そして宮下はスカウトと兼業するなかで、歌舞伎町を根城とするトラブルの尻拭い役、いわゆるケツ持ち関係のあったひとりのヤクザからこう誘われた。

「お前、食ってるだろ?」

食うとは、ポンプか炙りかの方法でシャブを体に入れていることを指す。

「はい、食ってます」

「どこで買ってるの?」

「町田のイラン人からです」

「イラン人が持ってくるネタなんて良くないだろう。ウチで買ったらどうだ？」

「いくらで引けるんですか？」

当時の底値が一グラム二万円のところ、「一万五〇〇〇円でいいよ」と言われた。小売は、相手が多くなればなるほど摘発のリスクが高まる。なので、こうしてシャブ中を束ねまとめ買いしてくれる宮下の存在は、ヤクザにとっても好都合だったに違いない。程なくして仕入先のイラン人が逮捕されたことで、図らずも仕入先をヤクザに切り替えた。宮下は言う。

「それを二万で売ったり、時には二万五〇〇〇円で売ったりを繰り返して利ザヤを得た。たったそれだけのことで月に五〇万ほどの副収入になった。最盛期は四〇人ほどの客がいた。月に一〇〇万弱のカネになることもあった。もうウハウハだよね」

時には客がパクられたこともあった。どうして捕まることなく商売を続けられたのかと訊くと、宮下は得意げに話す。

「飛ばしのケータイを使ったんだ。客にビックカメラ（家電量販店）の店員がいて、ネタを餌に飛ばしのケータイを三ヵ月周期で用意させたの。加えてこう工夫したの。初めての客は基本、メールで注文を受ける。アットマーク前の末尾を数字の〇一から始め、一ヵ月後には数字を〇二に変える。また一ヵ月後に〇三、そして〇四……『もしメールが不通になったら、一つ数字を増やして送ってみてね』と事前に伝え、それをルール化してね。みんなSNSだテレグラムだと対策するけど経験上、コレがいちばん安全だね」

新たな仕入先を手に入れた宮下は、その後、元締めのヤクザと直取引をするいっぱしの売人になる。宮下に頼めばシャブが手に入る――そんな口コミで客は指数関数的に増え、首尾よく商売は軌道に乗った。

「事前に電話を入れ、そのまま歌舞伎町の組事務所に取りに行く。シャブの保管場所は事務所が安全らしいんだ。監視カメラで常時確認し、怪しい人間がきたら直ぐにトイレに流せるような体制をとっているから、と。『今回入ったのは、いいぜ』そう向こうから連絡が来ることも。時には組事務所ではなく、マンションの一室の秘密のアジトに取りに行くこともあったね」

客たちは他のクスリも求めた。エクスタシーが一錠二五〇〇円で仕入れて四〇〇〇円から五〇〇〇円。コークが三五〇〇円で仕入れて五〇〇〇円から六〇〇〇円。大麻は一グラム一五〇〇円で仕入れて三〇〇〇円。そして一番人気のシャブがグラム一万円で仕入れて二万円から三万円。聞いてはいたが、確かにジャンキーは大麻やエクスタシーを入り口にクスリの味を覚え、やがてよりハードな覚醒剤へと進む。前菜やデザートとして使用するのか、メインディッシュの覚醒剤以外もよく売れた。

宮下は客たちのハマり具合を見越してヤクザからシャブを仕入れた。

「今回は二〇いけますか」

「ああ、大丈夫だよ」

「なら取りに行きます」

アジトに向かい、ブツをピックアップ。移動手段はタクシーを使う。検問や職質がないからだ。売人がシャブ中で、自ら試し打ちをして品質を判断する、なんて話は珍しくないが、それは宮下も例外ではない。

「いや、打つんじゃなくて炙りでテイスティングだけする感じだね。スプーンにガンコロ一つのっけて、下から炙ってスーっと吸って、『どう?』『いいっスね』みたいな。良し悪しなんてそれで直ぐに分かる。まあ、この感覚だけは、いくら説明しても、やった人間にしか分からない。〝効き〟というよりは〝反動〟だね。悪いのだと、不純物が入っているのか焦げたり、喉にきたり。なんか喉に引っかかる感じがあるんだ。良いのは綺麗に蒸発してスーッと入って行くの」

仕入れたブツの売場は新宿を避けた。至るところに監視カメラがあるからだ。まずは自宅に持ち帰り、一〇〇円均一店で用意したパケにオムロン社製の精密電子計量器で一グラムずつ小分けにする。手元のパケがなくなった場合はタバコの包装フィルムで代用した。開口面をライターで炙り密封する。慣れたものだ。

気心知れた常連客には家まで取りに来させたり、タクシーで届ける。一見はメールで取引場所をすり合わせ、中野新橋や富士見町など繁華街から少し離れた駅前の自販機を目印に落ち合った。

「自車は職質されたら終わりだからね。運が良かっただけかもしれないが、一度も職質されなかった。まあ、パンツの中に入れて用心はしていたけども。余ったシャブは、タンスの引き出しの裏側にガムテープで貼り付けたりして隠した。百戦錬磨の警察からしたら、気休めに過ぎないだろうけど。

よく夕方のニュースで、職質されてシャブと注射器とがセットで見つかることがあるよね。ヤクザがインシュリン用のポンプを五〇〇円で売ってくれて、それを大量に仕入れて一〇〇〇円で売っていたんだけど、売れ残って困ったよ。道具とセットで買うヤツなんてほとんどいなかったんだ。俺は打った方が効くからいいと思うんだけど、みんな怖くて打たないんだよ。

こうなりゃ俺が使うしかないじゃん」

ネタの受け渡しを郵送で済ませる売人も少なくない。が、宮下は必ず手渡しで取引する。なぜか。

「ネタを、送り元の住所を書かずに郵送し、投函するポストを変えれば足がつきにくい。ネタの受け渡し時のリスクが一番高いから、それはそうなんだけど、前に配達員が間違えて隣の部屋の郵便受けに入れちゃってたらしく、客とトラブルになったの。もしソイツが中身を開けていたらどう責任を取ってくれるんだ、って」

連日のようにシャブ中や売人の逮捕ニュースがネットニュースから流れてくる状況からすれば、知人が逮捕されるのは実に忍びない。いずれパクられてしまうに違いない。どれだけ頭を使おうと、どこから足がつくかは分からないものだ。

おおかた「パクられても俺のことは謳《うた》うな。ヤクザ組織が黙っちゃいない」などと、虎の威を借りた脅しで生き延びてきたのかと思えば、意外や意外、宮下の口止め工作は実に理にかなったものだった。

「『絶対に謳うな』と凄んでも、謳うやつは謳う。それなら、なぜ警察にペラペラ喋ったらダメなのかを分からせた方がいい。だから一回だろうが一万回だろうが、誰から買おうが、拾おうが、捕まった際の罪の重さは懲役一年半（執行猶予三年）と決まってると〝教育〟した。罪の重さが変わらないなら、わざわざ俺のことを謳ってヤクザに迷惑かけて後々面倒なことになるよりも、イラン人から買った、ネットで知らないヤツから買ったと言った方が心証もいいよ、と。

俺？　ヤクザから入手ルートの口止めをされたことは、ないなぁ。スカウトとケツ持ちの関係で、そこそこ付き合いも長い。だからそもそも諞うような人間だと思われてなかったんじゃないかな」

違法薬物を使用している人間と接点がない方からすれば途方もない話ばかりかもしれないが、それでもジャンキーが友達の分までネタを仕入れて手間賃を得る話はよく耳にする。いつパクられるやもしれない恐怖のなか、ネタを引く。せめてリスクに見合ったリターンを求める気持ちは分からないでもない。

「シャブ中は、売人からすればお得意様なわけ。だから、しばらくすると売人が必ずサービスしてくれる。多く買えばサービスしてくれてタダでできたり儲けたりできるなら、誰しもどうせなら儲けようって発想になるよね」

かつて素人売人を束ねていたヤクザは、「いろんなヤツが買いに来るよりそうしてまとめ買いしてくれた方が安全だから」と、シャブにどっぷり浸かった素人にサービスして売人に仕立てる理屈を語った。

## 日本に蔓延する覚醒剤

いったい日本に、どれほど覚醒剤が流通しているのか——。

二〇一六年に逮捕された元プロ野球選手の清原和博と、二〇二〇年にシンガーソングライターの槇原敬之が手を染めたのは、共に覚醒剤だ。タレントの田代まさしや俳優の清水健太郎に至っては、もはや逮捕と出所を繰り返す常連である。

覚醒剤の押収量は二〇一六年に過去最高となる約一・五トンに達し、以降、四年連続で一トンを超えている。乱用者の正確な数字は分からない。検挙数こそ年間一万人程度だが、元関東信越厚生局麻薬取締部部長の瀬戸晴海は著書『マトリ』（新潮社）のなかで、薬物は強烈な毒性を持つ魔性のウイルスだと喩え、「実際の使用者はその二〇倍に上るだろう。いや、もしかしたらその程度では済まないかもしれない。五〇倍と推定している情報分析官もいる」と推計している。それほどまでに覚醒剤は我が国に蔓延しているのだ。

売人の検挙も引きも切らない。どころか密輸の摘発事例も珍しくない。

ここに摘発事件報道の主要部分を抜き出し、新しいものから順に列挙したい。

◆覚醒剤約237キロ（末端価格151億円相当）を密輸したとして、神奈川県警は27日、覚せい剤取締法違反（営利目的輸入）の疑いで、いずれもイスラエル国籍の会社役員、テネンボイム・アムノン・ハノフ容疑者（58）と、アルバイトのレイボビッチ・オフェル・メナケム容疑者（40）を逮捕した。逮捕容疑は9月21日、南アフリカから覚醒剤約237キロを船舶で輸入した疑い。プラスチックを製造する工作機械の中に覚醒剤が隠されているのを横浜税関が発見した。

（「日本経済新聞」二〇二〇年一一月二八日）

◆ビタミン剤を装って覚醒剤を密輸したとして、愛知県警は二十四日、覚醒剤取締法違反（営利目的輸入）と関税法違反の疑いで、いずれもイラン国籍の職業不詳シャガギ・ミルコヒ・ハミッド（35）と無職テカブ・ゴラムレザ（36）の両容疑者を逮捕したと発表した。逮捕容疑では、十月九日に南アフリカから国際宅配貨物で覚醒剤八六二・五〇四グラム（末端価格約五千五百万円相当）を輸入したなどとされる。県警によると、覚醒剤は錠剤の形にして、マルチビタミン剤のラベルを貼ったプラスチック製容器三本に小分けされていた。

（「中日新聞」二〇二〇年一一月二五日）

◆覚醒剤約2・9キロ（末端価格約1億8千万円）を密輸しようとしたとして、東京税関成田支署と成田国際空港署は20日、覚醒剤取締法違反（営利目的輸入）などの疑いで神戸市、自称会社員、山下祐司容疑者（66）を逮捕し、送検したと発表した。10月31日午前6時半ごろ、メキシコシティ空港から成田空港に到着した際、シャンプーなどのプラスチックボトル6本に覚醒剤6袋を隠してスーツケースに入れ密輸しようとしたとされる。

（「千葉日報」二〇二〇年一一月二一日）

◆神奈川県警は十三日、覚醒剤約二十キロ（末端価格十二億八千万円相当）をスーツケースに入れて密輸したとして、覚醒剤取締法違反（営利目的輸入）の疑いで、社役員能登直志容疑者（50）と、自称内装業寺原和美容疑者（52）を逮捕したと発表した。県警によると、手荷物などの中に隠して密輸された覚醒剤の押収量としては、全国の警察で今年最多。メキシコ市発成田行きの飛行機に積み込まれたスーツケース八個に覚醒剤を隠し、輸入したとされる。

（「東京新聞」二〇二〇年一一月一五日）

◆覚醒剤を密輸しようとしたとして名古屋税関は、自称アルバイト新井秀麻（40）、自称自営業安藤裕二（45）の両容疑者を関税法違反容疑で名古屋地検に告発し、30日に発表した。2

人はカナダから覚醒剤約3・5キログラム（末端価格約2億2千万円）を密輸入しようとした疑いがもたれている。ボードゲーム（76センチ四方、厚さ約6センチ）の空洞を埋める形で隠されていたという。

（「朝日新聞」二〇二〇年七月三一日）

◆末端価格で約5億7千万円相当の覚醒剤を密輸したとして、大阪府警は台湾籍の劉益銘容疑者（38）ら21～53歳の男5人を覚醒剤取締法違反（営利目的共同輸入）容疑で逮捕したと発表した。5人は2月3日、自動車エンジン用の変速機に覚醒剤計約8・8キロを隠し、マレーシア発の貨物船に積み込んで大阪港に密輸したとされる。捜査関係者によると、大阪税関職員がエックス線検査で発見。中身をすり替えて運ばせる「泳がせ捜査」で、送り先の会社付近で5人が受け取るのを確認したという。

（「朝日新聞」二〇二〇年六月一六日）

◆静岡県南伊豆町の海岸で不審な小型船内から覚醒剤約1トンが見つかり、警視庁などが押収していたことが5日、分かった。一度の押収量としては国内最多で、末端価格は約600億円に上る。警視庁や海上保安庁などが背後に暴力団が関与しているとみて、数年前から捜査。海上で積み荷を移し替える「瀬取り」による密輸とみて内偵を進めていた。警視庁組織犯罪対策5課などは3、4日に覚せい剤取締法違反（営利目的共同所持）容疑で、覚醒剤を荷揚げしていた24～40歳の中国人の男7人＝いずれも住居・職業不詳＝を逮捕。逮捕容疑は3日、営利目的で南伊豆町の海岸で覚醒剤相当量を所持したとしている。

（「産経新聞」二〇一九年六月六日）

ご覧のとおり、過去にはシャブの密輸で捕まるヤクザが散見されたものの、近年は外国人や一般の日本人が加担するものばかりだ。

なぜ外国人や一般人ばかりなのか。覚醒剤の密輸はヤクザの専売特許じゃなかったのか。それは後の取材でわかることなのだが、ここではひとまず保留しておく。

## 覚醒剤はどこから入ってくるのか

「覚せい剤はすべて外国からの密輸であるので、密輸ルートを摘発し、流入元を断つことが重要である。北朝鮮ルート、中国ルートなどの大型密輸事案の摘発の後で、覚せい剤の価格が高騰したことは、その効果を如実に示したものといえる」

早稲田大学社会安全政策研究所の田村正博客員教授は、『許してはならない覚せい剤――乱用者の摘発と若者の啓発――』のなかで、こう指摘している。

なぜ密輸に頼らざるを得ないのか。覚醒剤が国内で製造できない理由は単純、強烈な悪臭と周囲の草木を枯れさせる猛毒性にある。国立精神・神経医療研究センター・薬物依存研究部・依存性薬物研究室の舩田正彦室長が詳しく解説する。

「覚醒剤の製造は、エフェドリン等の原料さえ入手できれば、品質（純度）は別として、あとは合成する知識と、大学の有機化学合成ができる研究室レベルの設備で簡単にできてしまう。しかし生成には異臭が伴うので、環境によっては密造していることがバレてしまう。合成に使うリンなどの医薬品の一部が有害性を有する重金属類で、強烈な異臭を発したり自然破壊に繋がったりと、日本の住環境で秘密裏に造るのは不向きなのです」

そのため砂漠や山奥など、人里離れた場所で製造するしかない。

舩田正彦室長が続ける。

「アメリカなどでは、トレーラーやキャンピングカー内に機材を設え、砂漠のど真ん中まで車を走らせ、合成したら全ての機材をほったらかしにして、覚醒剤だけを持って足がつかないように逃げる手口で製造している。証拠を消すより手っ取り早いからと、盗難車で摘発対策を講じて、場所を変えて繰り返すことで隠滅をはかったり、場合によっては火をつけるのです」

この手法は、環境問題を扱う研究機関では、「砂漠での覚醒剤密造が環境汚染の原因になっている」という報告もあるほどポピュラーだ。海外メディア『VICE』の知人記者も、「同様の話はよく聞くし実際、砂漠での覚醒剤の売買を問題視する報道も少なくない」と指摘する。昨年末に通報が相次いだ、神奈川県・横須賀市周辺での異臭騒ぎを見るまでもなく人間は、臭いに敏感な生き物である。こうして馴染みあるオイルの臭いですら大騒ぎするのだから、覚醒剤が放つ異臭など直ぐに通報されることだろう。

他方、アジア・アフリカ圏では工場を設えて大規模製造する。設備投資で異臭対策をしたり、カネで周囲を抱き込んで密造するのである。時には国家ぐるみで製造する。

もちろん日本でも造ること自体は可能だが、それだけでは密造は成立しない。日本は原料統制が厳しく、製造に手を出しにくい環境にある。原料のエフェドリンや有機溶剤が覚醒剤取締法により規制されていて、製薬会社を買収したり研究機関から横流ししてもらったりという脱法手口はあるものの、一般には手に入れられないのだ。

現役薬剤師が詳しく解説する。

「そこでエフェドリンを含む医薬品が悪用されるのです。アメリカでは早々に規制されましたが、日本はエフェドリンを含む鼻炎用の市販薬が売られていました。個人が薬局で買い、簡単に密造できたのです。

市販薬にもエフェドリンは入っていますが、分離するのにはある程度の技術が必要です。エフェドリンだけなら簡単ですが、ほかの成分と混合で入っていると分離は難しい作業になる。そう、単体なのか、複合なのかで抽出する方法は変わってくる。ちなみに単体なのか、複合なのかについては製薬会社はオープンにしていません。

分離させるバカが増えるから？　意図はそうでしょうが、そもそも割に合いません。一パケ相当を合成するエフェドリンを採ろうとすると、約三〇箱の風邪薬が必要です。風邪薬は一箱一五〇〇円ほどするわけで、三〇箱買えば売人からシャブが三パケ買える計算になる。個人がやって実験が楽しいとか、自己満足レベルのものに過ぎません」

二〇一八年一一月、日本でも密造事件が起こる。愛知県警が、自称派遣社員の少年（一七）を、自宅で高性能爆薬を製造し、覚醒剤を所持したなどとして逮捕された元大学生とともに、覚醒剤を製造したとして覚醒剤取締法違反（製造）の疑いで逮捕したのだ。

「覚醒剤を造っていることは分かっていた」

少年らはそう供述した。翌年一一月には製造拠点と見られるアパートから一六台もの携帯電話を押収し、「製造し密売した疑いがある」と、同じく愛知県警がイラン人四人を逮捕。二〇一四年に薬事法（現・薬機法）等の改正法案が成立し、「エフェドリン及びプソイドエフェドリンを含む医薬品の多量（六〇日分）又は頻回購入時の購入理由の確認及び購入理由が不審である場合の警察への情報提供がルール化されたことから事件は発覚したと見られています」と全国紙社会部記者は内情を話した。

すべて密輸に頼るしかないとすれば、水際で食い止めれば根絶できることになる。なのに、なぜなくならないのか。一向になくならない現状には相当な違和感がある。

歴史を紐解くと、ヒロポンから始まった日本の覚醒剤史は、いまは第三次覚醒剤禍にあることがわかった。

世界最大の覚醒剤マーケット、ニッポン。他にも大麻やコカインなど様々なドラッグが上陸し出回るが、こと覚醒剤だけはヤクザの専売特許である。検挙者の八割も覚醒剤絡みだ。それが第二次覚醒剤禍の一九七〇年からずっと続いているのである。

覚醒剤は、そもそも日本で初めて合成された有機化合物だ。一九四一年、大日本製薬株式会社が眠気除去作用をその効果にうたった薬剤を、ヒロポンの商品名で発売した。覚醒剤の代名詞とされ、ヒロポンと覚醒剤は互換的に用いられた。

第二次世界大戦中には、眠気を除去し集中力を高めるという理由で日本軍に重宝された。終戦直後、混乱した社会情勢のなか多くの中毒者が生まれた。「第一次覚醒剤禍」と呼ばれる、ヒロポン大流行時代の始まりである。

旧軍隊がストックしていたヒロポンが韓国から大量に流出し、ヤミ市などのブラックマーケットで安価に並ぶと、最盛期には五万人の中毒者を出したのだ。

それでも焼け跡復興の建設ブームを支える労働者と、彼らを人夫出しするヤクザや下半身の世話をする売春婦らが主で、常用者は比較的限られていた。

悲惨な事件や事故が頻発し、社会問題となったことで一九五一年、覚醒剤取締法が制定された。その後も強化された法の効果によって急速に収束し、以降は一九六九年まで覚醒剤問題の無風期が続いた。

覚醒剤が流行ったのは戦後のことで、戦前の主だった薬物はアヘンだったのだ。しかし一般庶民は薬物とは無縁で、約四〇〇人のアヘン中毒者がいたと推計されているが、そのほとんどが朝鮮、満州など旧日本帝国領の居住者だった。

一九六〇年頃から横浜、神戸の二大国際貿易港から五島組らヤクザ組織の手引きにより密輸されたヘロインが流布し、「麻薬禍」になるが、これも麻薬取締法の改正に伴う捜査の強化により汚染は短期間で収束する。

時を同じくして、また覚醒剤も静かなブームを呼んでいたようだ。『マトリ』(瀬戸晴海著/新潮社)には、こんなエピソードが出てくる。

「一九六〇年代の覚醒剤ブームは阪神地域から始まった。そのころ、尼崎にあるX組にサブロウという男がいた。この男は韓国から密輸された結晶型のヒロポン(覚醒剤)の中間売人で、せっせとヒロポンを配達していた。仕事熱心で、その筋では誰もが信頼を置いていた。そのうちにヒロポンが届くことを〝サブロウが来る〟、さらには〝サブが来る〟と言うようになった。そして、サブがシャブに訛り、〝シャブが届く〟に変化。間もなく覚醒剤自体を〝シャブ〟と呼ぶようになった」

そして一九七〇年代に入ると、再び流行がぶり返しブームは本格化し、関西から関東、関東から全国へ広がり「第二次覚醒剤禍」に突入する。海外で密造された覚醒剤を暴力団が密輸し、資金源として密売するようになりそして、「第三次覚醒剤禍(一九九五年～)」であるいまに至る。

この第二次覚醒剤ブームを作った男こそが、前出の和久井ということなのか。

和久井との、喫茶店での会話に戻る。

コーヒーカップに注がれたホットミルクを飲み干した和久井は、温和な笑みを浮かべていた。

「アンタと知り合って何年になる？」

「そうですね、もう一〇年近くになりますかね」

「そうか。うん、もう好きに書いたらいいよ」

和久井はどこか達観したように少し間を置いた後、逞しい面持ちで言った。これまで深めた関係がそう言わせたのだろう。


和久井が覚醒剤界の重要人物であることについては、マル暴担当記者はもちろん、僕が訊いた捜査関係者の誰ひとりとして知らなかった。つまり和久井は、日本の覚醒剤史においてカウントすらされてないと理解していい。

果たして和久井の話を鵜呑みにしていいものか。僕が、失礼を承知で「本当なんですか？」と単刀直入に訊くと、和久井は、第二次覚醒剤禍前夜に自身が関わった事件をつぶさに話すことはもちろん、その後の流れを知る限り教えるので、「アンタが取材して裏取りしてみたらいい」という。

調べて世に発信したい――そんな取材者のエゴから自然、頷いていた。

これから僕は、和久井の証言をベースに、これまで決して表に出なかった、ヤクザが密輸・密売する第二次覚醒剤禍以降の歴史を紐解く旅にでるのだ。どうしてヤクザのシノギになり、どう流布し、そして、なぜなくならないのか。そのキーマンが、目の前にいる和久井だなんて、僕はまだリアリティを持てないでいた。

# 第二章 ◉ 第二次覚醒剤禍【韓国ルート】

## 和久井の決断

〈鉄格子の向こうで、私は静かに闘志を燃やしていた。もう逮捕の前から腹は決めている。すべてを暴露し国家と戦うだけだ。

どうしてそう決意を固めたのか。この話をすれば少しは分かってもらえるかと思う。

小二で「日本で革命を起こしたい。ひいてはモスクワの学校で学びたい」とソビエト大使館に手紙を出すほど早熟だった私は、日本に軍隊がないことを知り、絶望しながらも代わりにヤクザと右翼があることを知った。幼いながらもこの世界で頭角を現し革命を起こそうと本気で考えた。

だからこのとき思ったのだ、革命を起こすまたとないチャンスだと。

私は所轄の留置場を三つたらい回しにされた後、警視庁の留置場にいた。

ほどなく検察庁に呼ばれた。検察官による取り調べが始まった。

「これはどういう事件なんだ?」

検事は困り果てた様子だった。私は吐き捨てるようにして言った。

「もうアンタも知ってるんだろ？　日本人が覚醒剤を管理するならまだしも、韓国人が国家ぐるみで管理して、外国にカネが流れて。そんなバカな話があるか。なんで韓国の味方をするのか。挙げるなら俺も韓国の大使館員も、やれ！」

翌日も検察庁に呼ばれた。

「お前の主張はわかった。でも、出るんだ。これは上からの指令だ」

検事はそう凄んだが、このまま国家に負けて引き下がるわけにはいかない。

私はすかさず抵抗した。

「いや、出ない。これまで知り得た事実を持って法廷で争う」〉

これは、第二次覚醒剤禍の火付け役の男が、日韓基本条約が結ばれてから数年後の一九七六年に逮捕された際の、述懐である。男が和久井寅夫であることは言うまでもない。

逮捕、韓国の大使館員、検事の説得……。まだ司法取引などないこの時代に、この男、いったい何をやらかしたのか。細部に至るまで詳しく訊くために、数回に分け、実に一〇時間近くボイスレコーダーを回した。

その発端を何から説明すれば分かってもらえるかと思い悩むが、話の信憑性を担保するため実在した人物や団体名は可能な限り実名で記すこととして、まずは和久井の背景から追ってみたい。

二〇代前半は東京・池袋で愚連隊を率いて関東の親方たちと親交を深め、その後に地元・大阪に舞い戻った和久井寅夫は、広域指定暴力団・三代目山口組のなかで、白神組という直参組織の売り出し中だった幹部・泉三郎と兄弟分だった。三代目山口組で若頭補佐をしていた大幹部・白神英雄とも、泉三郎とも盃なしの〝客分（同系列以外の組織と親子、又は兄弟関係）〟で、シマを任され、「一緒に債権回収などのシノギをしよう」と、ふたりで大阪・天王寺区の谷町九丁目にオフィスを構えた。表向きは「トラブルコンサルタント」と称したが、実態は絵に描いたようなヤクザ事務所である。

主なシノギはキリトリだ。キリトリ。言わずと知れた債権回収を意味する闇金用語である。当時は総会屋や右翼の専売特許だ。そこに組織をバックに割って入ると、面白いように取り立ての依頼が舞い込んできた。まだ覚醒剤には手を出していない。

転機が訪れたのは、拠点を得てから一年後の一九七四年、和久井三〇歳のときである。

「ある闇金から依頼があった。それで大阪・港区の町工場に債権の取り立てに行ったんだ」

債権は当時のカネで七〇〇万円。高度成長期とはいえ、闇金に手を出すような町工場にカネなど残っていなかった。若い衆と共に社長を囲むと、「勘弁してくれ」と平謝りした後、妙な提案に打って出る。

「カネになるものが、ある」

社長が倉庫から用意してきたのは、氷砂糖をハンマーで砕いたような白い結晶だった。訝しむ和久井に社長は言う。

「覚醒剤。分かりやすく言えばヒロポンです」

ヒロポンなら知っている。経験もある。それでも覚醒剤とは、裏街道を生きてきた和久井にしても初耳だ。こんなものが流行るのか。

「そのうち必ずブームになります。現に、いま、大阪の極道の間で静かな人気を呼んでいます」

社長の、この急場凌ぎに過ぎない一言がすべての始まりだった。

果たして債権七〇〇万円が一〇キロの覚醒剤に化ける。和久井は半信半疑ながらブツを抑えて東京の組織の大親分・柳下に電話で販売の相談を持ちかけた。

「わかりやすくヒロポンがあるって言った。そしたら『持ってこい。なんとか売ってやる。俺たちはみんなヒロポンで育ったんだから』って」

ここで、和久井を二つ返事で引き受けた柳下と、当時のヒロポンにまつわる状況についても少し触れておきたい。

柳下は数多の演歌師を牛耳る都内最大の親玉だ。和久井によれば、演歌師は昔からヤクザの利権で、北島三郎をはじめ、名だたる大物たちが所属していたという。当時はカラオケがない。小さなクラブやスナックは生バンドもない。そこで流しの演歌師が出向き、客前で歌っておひねりをもらっていた。彼らを仲介するボスが柳下だったのである。

当時は軍や工場からの流れ物の名残が闇で出回っていたが、覚醒剤取締法により大阪のヤクザや飛田新地の売春婦たちが娯楽や売春の苦痛を紛らわすためだけに自己使用する程度で、一般人が手にする状況にはなかった。アンプルと呼ばれる注射剤を入れるガラス製の密封容器に入ったヒロポン。容器の首部を折り、折った部分から注射針を差し込んで薬液を吸い出し、打つ。後に液体から結晶へと変わり〝覚醒剤〟になるわけで、確かに白い結晶を見た和久井がヒロポンを連想できなかったとしても不思議はない。使用者は少数に留まり、また一本一〇〇〇円程度と価格も安く、和久井が「販売するなど誰も考えもしなかった」というように、ヒロポンでメシを食うヤクザは少なく、まだ大きな商売にならないシロモノだったのである。

ともかく、和久井は覚醒剤の一部をカバンに入れて東京に飛んだ。

## 嬉しい悲鳴

柳下は、和久井の目の前で白い粉を注射器に入れて水で溶かし、妻と二人で打った。そしてドスの効いた声で言った。

「これ、昔のヒロポンじゃねえ。もっといいぞ！」

柳下が、別室で待機していた子分たちにも打たせると、「いいですね、コレ！」と口を揃えた。ヒロポンを凌駕するほどの上物らしい。

「ヒロポンとはモノが違うんだ。カラダがシャキっとしてな、羽根が生えたかのごとく軽くなる。ヒロポンの五倍、いや一〇倍……コレに比べたらヒロポンはオモチャだよ」

誇らしげに和久井は自身も試した体験談を語り、「おそらくアンナカのような快感を刺激する成分が入っていたんだろう」と回顧する。だが前出の国立精神・神経医療研究センター・薬物依存研究部・依存性薬物研究室の舩田正彦室長が、「もし医薬品としてのヒロポンを入手したとすれば、純度一〇〇％で混ざり物がないわけで、どんな覚醒剤より最強です」と言うように、純度が同じであれば効果は同じなので、ヒロポンより覚醒剤が良いと感じるのは、単純に使用頻度や量の違いからそう錯覚したのかもしれない。

品定めを終えると、柳下は言った。

「俺が都内の親方連中に電話しといてやるから、サンプルを配れ」

「どのくらい届ければいいですかね」

「そうだな、一〇グラムずつでいいんじゃないか」

和久井は関東のヤクザの親方連中の事務所を二週間で一〇〇ヶ所ほど回った。

東京、千葉、横浜、熱海……。当時の関東の組織は博徒とテキ屋に別れる。力が強いのは後者だった。そのため飯島連合を中心に複数のヤクザ組織にも持っていった。ヒロポン経験者ばかりの親方たちは「いいな！　なくなったら注文するから頼むよ」と。大阪の事務所に戻り、やがて注文が来るだろうと待っていた。でも、なかなか来ないんだよ。でも二〇日間が過ぎ、サンプルの覚醒剤が切れた頃、電話は鳴りっぱなし。みんな一〇〇グラム単位で「持ってきてくれ」と。

和久井は雄弁に局勢を語った。

和久井は一グラム七〇〇〇円に値付けした。社長のブツを全て捌き終え、計七〇〇〇万円ほどのカネを手にする。第二次覚醒剤禍前夜の一九六七年のことだ。

嬉しい悲鳴というやつで、それでも電話が鳴り止まなかった。直ぐさま社長を呼び出し覚醒剤の仕入れルートを吐かせる。ゆめゆめカネづるを見過ごすはずもなかったのである。

韓国の製造工場から、五島組と大野会を経由するルートで仕入れていることが分かった。和久井が詳しく解説する。

「神戸の麻薬市場は五島組が強力な地盤を持っていた。五島組は本来、覚醒剤ではなく麻薬（ヘロイン）専門の組織だ。中国に太いパイプがあり、香港に支社まで設けて仕入れていた。

一方、大阪・港区の築港は、独立組織・大野会（大野鶴吉会長）と同じく独立組織の澄田会とが地盤を二分していた。澄田会の会長は、三代目山口組・田岡組長にとっては大先輩にあたる。二代目の山口登さんの夫人が、山口登さんが亡くなった後、当時山口組の若頭だった澄田の会長と駆け落ちした。親方が死んだ後に妻が誰と一緒になろうと文句は言えないが、面白くはない。それで神戸にいられなくなり港区に定住するようになった。だが田岡組長は最後まで夫人を大事にした。組織は小さくても必ず顔を立てていた。その澄田会・会長と大野鶴吉さんが港区同士で兄弟分だった。だから五島組の力が強くても大野会は生き残れてたんだ」

工場を仕切る、金親子《キン》。戦時中、日本陸軍は韓国に覚醒剤工場を設え、現地の韓国人に造らせていた。その責任者が金親子だったのである。日本軍が特攻隊にヒロポンを使ったように、韓国では徴用工たちのムチとして覚醒剤が使われた。覚醒剤は麻黄《マオウ》という植物の根から抽出されたエフェドリン等を原料として、化学的に合成して製造される。麻黄は韓国や北朝鮮、満州にしか繁茂《はんも》しない。日本でも移植による栽培を試みたが、風土が合わず断念せざるを得なかった。そのため日本政府は原産地・韓国に工場を造り、製造を金親子に委託した。

「終戦後も闇で生産を続けたが富裕層しか買い手がいなかった」と和久井が言うように、当時の韓国は貧しく、上がりはしれていた。金親子はヤクザと手を組み日本に活路を求める。

社長は言った。

「韓国に金親子がいます。私はその金親子から直接仕入れられます。けれど売れない。安すぎるから金親子からの仕入れ値では割に合わないんです。だから和久井さん、高値で売れる先を見つけてくれたらいくらでも回します」

独自ルートから直に覚醒剤が手に入る。他の組織に中間マージンを取られることがない。この誘いに、和久井が迷うはずもなかった。

仕入れルートの確保を終えれば、あとは関東の親方たちに流すだけだ。相場は一キロ四〇〇〇万に決めた。

「おい、すぐに持って来いよ！」

五人の若い衆と手分けして関東の親方たちに配達した。直ぐに品切れになり、社長に五〇キロの追加注文を入れる。仕入れ値は一キロ・三〇〇〇万。以後も毎週のように。

しばらくすると売値は一キロ・四〇〇〇万から一五〇〇万に落ち着いた。背景については後述するが、親方たちから大幅な値引きを求められたのである。商売になると踏んでのことだろう。それでも仕入れ値の五倍近いカネが舞い込んだ。

一ヵ月後、和久井は東京・赤坂見附のホテルニュージャパン（※現在は廃業）にカネの保管室、取引現場、現金の受け渡し場、購入者が品物を検査するためと、敵対組織を鉢合わせさせないための待機部屋を二つ、ボディーガードの待機場と自身の住処を含め六つの部屋を借り覚醒剤の密売を本格化させた。ホテルニュージャパンを拠点にしたのは、藤山コンツェルンの御曹司、財界のプリンスと呼ばれた藤山覚一郎《ふじやまかくいちろう》社長の父、外務大臣などを歴任した藤山愛一郎の秘書に可愛がってもらっていた縁からだ。「東京にいるならニュージャパンに泊まれ」と便宜を図ってもらったのである。

政界の怪物たちにタカられ多くの財を失い、既にホテルニュージャパンも売却された後だったが、ホテルの一室だけは残り、藤山愛一郎はそこを事務所にしていた。

「大きな荷物（覚醒剤）はアタッシュケースに入れて絶えずフロントに預けっぱなし。中身については言わないが、フロントマンも薄々感づいているよな。警察のことを察して『ロビーに怪しい連中がいる』なんて情報も筒抜けだった。支配人からマネージャーまでチップで懐柔してね」

なぜホテルマンたちはカネで転んだのか。密売の手助けをしていることに他ならない、そんな状況をなぜ簡単に受け入れたのか。従業員は藤山愛一郎の息のかかる人間ばかりだったからである。

## 完璧な手口

覚醒剤は大阪の社長本人が持って来ることもあれば、その使いにより配達されることもあった。受け渡し場所は東京駅のコインロッカー。付近で待機していた部下が鍵を預かり、後でブツを取り出してニュージャパンまで運び、フロントに預ける。和久井は週に一回、大阪に出向き代金をまとめて払った。

運ぶ人間、取引する人間。こうした役割分担がシャブと部下と和久井の線を遮断した。むろん、訓練された人間ばかりで仮にパクられても点と点が繋がることはない。手口は受け子や出し子と階層形式になった現代の振り込め詐欺システムと同じである。

「今日、変な人がいますよ」

怪しい人間の情報はフロントマンが目となり、また耳となった。察知したフロントマンは、和久井の指示で子飼いのベルボーイに部屋からフロントへシナモノを運ばせた。

「やはりフロントが一番安全。まさか捜査員もホテルごと買収されてるなんて思ってもみないだろうから」

回想しながら和久井は、まるで昨日のことのようにほくそ笑んだ。

注文は必ず対面で受けた。使いの者とホテルのバーや近隣レストランなど絶えず場所を変えて会い取引量を決め日時を指定した。その際、「シナモノが気に入らなかったらもう一度ここへ来てくれ。カネは返すから」と布石を打つと、客も安心して取引に応じた。

取引前日の夕方、これまで注文を受けたシャブを取引部屋へ移動させる。

当日、しばらく待機部屋で待たせて様子を窺う。

「相手が本当に取引に来ているかを部下に見させていた。警察と取引している場合もあるからな。一時間ほど部屋で待たせて、他に来客はないか、不審な動きはないかと、真向かいの部屋からボディーガードに探らせた。出入りや電話がなかったら取引開始だ。電話のベルが聞こえなくても、壁に穴を開けたり、機械で盗聴する必要はない。フロントの取次から連絡が来る手はずになっていたから。まあ、そこまで用心してたんだ。特にマトリの囮《おとり》捜査を警戒していた。いまのマトリと違って、昔のマトリは平気で刺青を入れた。そうして組員になって潜入捜査をしたからな」

怪しい動きはない。ヤクザに扮した捜査員ではない。となれば、首尾よく取引部屋に案内するだけだ。

「もちろん私はリスク回避のため絶対に取引部屋には近づかない。実行するのは部下だ。こちらは、私の他に二人。相手はひとりのこともあれば三人のこともあった」

初見でも常連客でもその後の手順は以下の通りである。

・和久井の部屋で現金の確認
・取引部屋に移動してもらいシナモノを渡す
・待機部屋に戻りシナモノの確認

順次、何度も繰り返された。

客が危惧するのはシナモノの品質についてだ。

「客は覚醒剤に長けた検査要員の男を用意していて、本物か否かを検査液で調べたり、シャブをひとつまみしてブランデーのなかに落とし、品定めする。粗悪なブツはクルクル回るんだ。一方、良いネタはゆっくり、ゆっくりと沈みながら溶けてく」

水溶液のヒロポンから、結晶状の水溶性薬品に変化した覚醒剤は、主にパケに小分けして密売される。品質は、水面張力上において薬品が沈下することなく、回転しながら溶ける状態を確認して判別するのである。このとき、水面上をまるで魚がバシャバシャと群れ跳ねて走り回る姿と似ていることから〝シャブ〟という隠語がつけられたという説と、覚醒剤を使用すると歯止めが利かなくなるほど傾倒してしまい、ついには骨の髄までシャブられることから〝シャブ〟と呼ばれる説とがある。

底に着く頃までに完全になくなれば良質なシャブに他ならないが、念には念を入れて、最後は検査要員が注射器で試し打ちして太鼓判を押す。

「どうだ?」

「間違いないです」

和久井によれば、トラブルなど一度もなかったらしい。

「でも怪しいヤツが二人ほどいたな。一時間も待たせれば、相手もバカじゃないから見張られていることに気づく。これはヤバいと思ったんだろう。部屋を後にしてそれっきり。二度と現れなかった。マトリで組員になっている場合はそういう方法を取る。確証はないが多分、囮捜査だったのではといまでも思っているよ」

## 韓国との〝密約〟

ニュージャパンには七ヵ月いた。多い日で計五キロ、一〇回ほど取引をした。和久井は一度にキロ単位の大きな取引はしないと決めていた。仮に客が大量のシャブを手にすると、今度はその客が相場を作れてしまうからだ。

「どんなに頼まれても一度に五〇〇グラムまでしか売らなかった。そうして値崩れしないように相場を操っていたんだ。ただな、四ヵ月過ぎたあたりから三〇〇だ、五〇〇だと求める客が多くなった。シナモノが良かったから大量に仕入れても捌けると踏んだんだろう。

相手だって欲が出る。なかには強盗を企てる輩も出てくるだろう。それは強盗防止策の意味もあった。せいぜい五〇〇グラム程度で命まではかけないだろう、と。

なかにはおしゃべりのヤクザもいる。困るのはオンナだ。ヤクザが、ホステスに喋るんだ、ニュージャパンの和久井から買ったと。よく赤坂のクラブ・月世界のホステスたちが押し掛けてきて色仕掛けで迫られた。

『頼むから売ってよ』

『誰に聞いたんだ?』

『そんなのいいじゃないねえ、お願い。なんでもするからさぁ』

『いくらで買ってるんだ?』

『一発一万五〇〇〇円。それを一日一回打つ』

一日三万円。これでは稼いだ日銭がみんな消えてしまう。ホステスだってカネに限りがある。カラダで稼ぐにも限度があるからな。それも三人、四人の集団でくるわけだ。
『私たちのカラダを好きにしていいから毎日二回、打たせて』
でも私は、ホステスたちにはカネでシャブを売ったことは一度もない。全部タダ。テーブルの上に一〇グラム置く。するとホステスたちが耳掻きで採って打ってさ。まあ、俺も男だからオイシイ思いはさせてもらったよ」

和久井が決めた相場が値崩れしたのは、覚醒剤の評判が広まり東京のヤクザたちが韓国と直取引するようになったからである。ヤクザの世界には韓国・朝鮮籍の者が少なくない。おそらく在日ルートで韓国に問い合わせたのだろう。名を秘すため詳細は書けないが、名だたる有力組織が動いたと和久井は証言した。

社長のルートで覚醒剤を捌き始めてからしばらくした一九六五年、元総理・岸信介《きしのぶすけ》、右翼活動家・児玉誉士夫《こだまよしお》、東声会《とうせいかい》会長・町井久之《まちいひさゆき》などが絡み韓国に対する戦後賠償が決まり、朴《パク》大統領との間で日韓基本条約が締結された。

そこで韓国と日本の両政府は、ある密約を交わす。

「後に韓国系ヤクザと同門で、内部で跡目を巡り敵対していた愛国心を持つ日本国籍のヤクザから聞いて事情を知ったが、韓国政府が覚醒剤を造るようになった。当時、朴政権で韓国にＫＣＩＡという組織が出来始めた頃だった。そのころの韓国は本当に貧しい国だった。産業なんて何もなかった。

で、朴大統領からこう言われて経済復興のために国家戦略として日本での覚醒剤の密売を無理強いされたらしい。『戦前、日本軍は韓国で多くの覚醒剤を流した。炭鉱の労働者しかり、賃金らしい賃金をもらえないで、その代わりに覚醒剤をもらった。これは表に出せない話だろ？』と」

カネの代わりに覚醒剤、すなわち韓国人の血を覚醒剤で搾り取った。だから日本も同じ目に遭ってくれと言いたいわけだ。

国家戦略、と和久井が言ったのは決して大げさな話ではない。

「韓国政府が製造したシャブは東京のヤクザたちの手によって密売された。しかもそのシャブは、韓国の大使館員が運びヤクザに渡していたんだから」

果たして時の政府は韓国と一〇年間、日本にシャブを密輸することを許可する密約を交わしたという。密売するのはもちろん、日本の韓国系ヤクザたちだ。以降、金親子とは別ルートで日本のヤクザがシャブを手にするようになる。

和久井と韓国大使館ルートは対立した。シャブ利権を独占したいのか、和久井を排除する動きが始まったのだ。

事実、和久井からネタを引いていた関東の有力組織が寝返り、韓国大使館ルートと手を組んだ。韓国政府や関東の有力組織からすれば、和久井は敵でしかない。ある日、関東の有力組織の組長から東京・赤坂に呼び出される。指定された場所は國粹会を牛耳っていた裏の実力者がTBS旧日本社ビル付近の地下に造った、日本初の韓国クラブだった。

その場にいたのは、関東の有力組織の組長ではなく、柳川次郎（柳川組初代組長）の兄弟分だ。組織を離れ韓国に戻り済州島《チェジュ》にカジノを造った、関東の有力組織の組長とも兄弟分の男である。

男は和久井に忠告した。

「噂は聞いてるよ。アンタ、そんなに手広く商売しないほうがいいよ」

気づけば一〇数人に囲まれていた。対して和久井側は部下含め計四人。嫌な予感はしていた。だから部下には拳銃を持たせていた。

男に、和久井は本音で迫る。

「私はいつでも死ぬ覚悟でいるから。ご忠告ありがとう。でもオタクらもヤリすぎないで下さいよ、道を切り開いたのは私だから。情報を持って来るのなら話は別だけどな。何ならここで音を立ててもいいですよ」

交渉にならない。和久井が虚勢で言ったならまだしも、平然と引き金に指を掛けた部下たちがそうではないことを物語る。部下たちは「掛け合いになったら遠慮なくハジけ」と叩き込まれていた。親の命令は絶対だった。

「アンタらがその気なら考えがある。私も大概のことは掴んでいるからな」

なぜ怯んだのかはうかがい知れないが、相手が相撃ちなど望んでいなかったことだけは確かなのかもしれない。返す刀で時の政府に〝宣戦布告〟し、その場は終わった。

## ホテルでの逮捕劇

ニュージャパンの従業員たちから頻繁に不審者情報が上がってくるようになったのは、掛け合いが決裂してしばらくのことである。

「ホテルには平時の雰囲気がある。客層が変われば、現場の人間はすぐに察知する。だから私は『やがて逮捕されるな』と思っていた」

逮捕の日は刻一刻と近づいていた。偶発的ではない。フロントマンからの通報が引き金となった。

「ロビーにたむろしている連中、みな警察官じゃないですか」

遠目から様子を窺うと、怪しい男たちがざっと二五、六人。彼らが捜査員であることは一目瞭然だった。ニュージャパンは一流の客ばかりで、みながブランド物の高級品を履いているなか、警察から支給された黒い安物の革靴を履いていたからだ。支給品の革靴は三種類ほどあったが、全て頭に入っている。間違いない。

和久井は思わず部下たちに指示した。すでに決心はついていた。みすみす捕まるわけにはいかない。

「シナモノを持って逃げる。お前らは追手を抱きついてでも止めろ」

着の身着のままフロントに直行した。所有のセドリックではまずい。男たちが張り付いていることだろう。

シナモノを受け取った和久井は、周囲には目もくれずにタクシー乗り場を目指した。まさか警察もホテルごと買収されているとは思いもしない。逡巡している余裕はない。とにかく走るのだ。いったい、いつ近づいたのか。距離を取っていた男たちが突然、和久井めがけて飛びかかる。必死に払いのけながら無心で足を動かした。部下たちがラグビーのタックルさながら抱きついた。間一髪のところでタクシーに乗り込み、「遠くの警察署へ行ってくれ!」と声を張り上げた。

なぜ遠くの所轄にしたのか。近場や警視庁には捜査員が待ち伏せしているかもしれないからだ。

「落し物を届けに来ました」

逃走するわけにもいかず、和久井は一か八かで所轄に飛び込み、拾得物を装いそう言った。事情を知らない下っ端なら受理するやもしれん。

「少しお待ちください」

けたたましいサイレン音を轟かせながら所轄に捜査員たちが雪崩れ込んできたのは、拾得物として受理されたその直後だった。が、既に受理されているため逮捕される筋合いはない。むろん、相手もみすみす帰すわけにはいかない。

捜査員がアタッシュケースを抉じ開けると、中にはゆうに五〇キロを超える大量のシャブが。捜査員たちが目を丸くしたのも束の間、和久井は有無を言わさず逮捕される。忘れもしない一九六八年の暑い夏の日のことだった。


**〝国のため〟**

逮捕から一〇日後、和久井が怨嗟《えんさ》に震える留置場に突然、ひとりの老人が訪ねてきた。整えられた太い眉、姿勢と口調に妙に品がある。

「おじいちゃん、何やったの？」

「いやぁ、ちょっとした無銭飲食でね。アンタは？」

和久井は事情を全て話した。すると老人は、まだ明かしてないにも関わらず、名指しで語り出した。

「和久井くん、おおよそのことは聞いてる。悔しいだろうけど法廷闘争はヤメて出て行け。それが国のためだ」

老人は和久井の経歴など調べ済みだったのだ。老人による説得は続いた。

「戦後に靖国神社を再興するにあたり、GHQの監視が厳しいなか、ここだけは守ろうと私が音頭を取って浄財を集めたんです。キミが全てを暴露すれば日韓関係が破綻する。やがて、キミが望む時代が来るはずだ。だから、ここは我慢してくれ」


翌日。検察官は言った。

「よかったな」

「アンタも児玉派か？　韓国系の圧力に弱いんだな。黒いのか白いのかはっきりしてくれ」

「俺はどっちでもない」

禅問答のような会話が繰り返された後、検察官が厳しい口調で言った。

「一つ言えることがある。検察庁が最大限に譲歩してキミを出す。それも無処分だ。ただし条件がある。キミが二度と麻薬市場に手を出さないことを条件に釈放する」

和久井は昨日、別れ際に老人が言った言葉を反芻《はんすう》した。

「日本は伝統精神文化の国だ。この伝統精神文化さえ継続させればやがて、本当の日本が再生される。戦後の総決算をして新しい世の中が誕生する。我々は来たるその日まで耐えなくちゃいけない。（戦争に）負けたんだから仕方がない。戦いはいまでも続いてるんだ。エセ暴力団や右翼も多い。だが、やがて淘汰される。本当の国土再建はまだ、緒に就いたばかり。これからなんだ。ここで暴露したところで、日本が混迷の時代に逆戻りするだけ。いま日韓関係は良好なんだ」

それは確固たる国家観を持つ和久井が納得するに充分な理由だった。

僕は靖国神社を再興したとされる人物の写真を複数集め、和久井に老人の本人確認を求めた。

「この人だ。この太い眉――間違いない」

和久井は右手の人差し指を一枚の写真にかざしながら、迷わず言った。その指先は靖国神社六代目宮司時代にA級戦犯の合祀《ごうし》を実施したことで知られる松平永芳《まつだいらながよし》の上にあった。裏取りするため彼に接触を試みるも、すでに他界した後で、また遺族への取材も叶わず。二〇〇五年、九〇歳没。福井市立郷土歴史博物館・館長を務めた記録が最後だった。

在日系ヤクザが手先となって売り捌いた韓国ルートから約三年後、〝一〇年間の密約〟は反故にされる。韓国製の一部が性感を著しく刺激するものに改良されると、使用者が増え、一般家庭にまで侵入するようになったのが、その理由だ。果ては中毒症状に侵され、幻覚のなかで犯罪が横行したのである。日本政府としてはこれ以上の蔓延を看過できなかったのだろう。

代わりに開拓されたのが北朝鮮ルートだった。北朝鮮で密造されたシャブが日本の朝鮮系ヤクザの手により密輸・密売されるようになったのである。

和久井は言った。

「北朝鮮、中国、ロシア。この三つは一体だと考えた方がいい。北朝鮮は覚醒剤を大量に生産するものの、中国産のシャブも輸入して流していた。ロシアはロシアでパキスタンなど中東からヘロインを仕入れて北朝鮮を通じて日本に流した。それがいまでも続いている」

非公式である北朝鮮からの密輸は、韓国ルートのように大使館員が半ば公然と運ぶわけにはいかず、洋上において親船から小船へ船荷を積み替える〝瀬取り〟の手法が使われた。小船で税関検査の手薄な港に積荷を降ろすことで捜査網から免れるのである。

「その後にフィリピンルートを開拓したのも、俺だ。もちろん検事との約束どおり直接、手はつけてない。絵図だけを描き、〝ワタナベゲン〟を動かした」

和久井が口にした、〝ワタナベゲン〟。初めて聞く名前だ。〝ワタナベゲン〟なる人物が実在し、その足取りをたどれば、フィリピンルートがつまびらかにできることは言うに及ばず、和久井の証言に嘘偽りがないことの証明にもなるだろう。

次の取材先は自ずと決まった。僕は和久井の証言を頼りにフィリピンルートのキーマン・〝ワタナベゲン〟を探す旅に出た。

# 第三章 ◉ 謎の男ワタナベゲン 【フィリピンルート】

手がかり

和久井から教えられた〝ワタナベゲン〟の足取りを辿るヒントは、「獄中記を週刊誌で連載していた」ことだった。もう何十年も会っていないとのことで、連絡方法はなく、それどころか「生存しているかも分からない」という。

「フィリピン政府に食い込み麻薬取締官になり外交特権を得たゲンは、イメルダ（イメルダ・マルコス。フィリピン共和国、第一〇代大統領のフェルディナンド・マルコス夫人）が製薬会社に造らせたシャブを日本へ密輸する元締めになった。真面目にブツを運んでいさえすれば良かったものの、ヤツは欲をかいたんだろうな。カネをちょろまかしたことがイメルダにバレて排除されたんだ。それで逮捕され、どういう経緯か獄中記を書いた。実話誌じゃない。確か産経や読売など新聞社系の週刊誌だったと思う。私やイメルダのことは謳わずにね」

淀みなく和久井は言う。

百歩譲って、〝ワタナベゲン〟なる人物がいて、彼が和久井の傀儡になりフィリピンから覚醒剤を密輸していたとしよう。それだけなら充分にあり得る話なのかもしれない。

だが信じられないのは、麻薬取締官になり外交特権を得た、そして時の政府の中枢にいたイメルダ夫人が製薬会社に覚醒剤を造らせていたことである。和久井だけでなく、ワタナベゲンからも証言が取れればいいのだが……。時間をかけて手を尽くしたが、結果、ワタナベゲンに接触することは叶わなかった。

諦めきれなかった僕は、その後、東京の雑誌専門図書館・大宅壮一文庫《おおやそういちぶんこ》にこもった。目的は件《くだん》の獄中記を探すためである。和久井の逮捕後ということは、一九七〇年代後半から八〇年代前半ごろに掲載されたに違いない。フィリピン、覚醒剤、そしてワタナベゲンという名前だけが頼りだった。キーワード検索で引っかからなかったことと、一日に閲覧できる冊数制限が壁になり、発掘は難航した。

二日目、獄中記ではなかったが、週刊プレイボーイ誌の「フィリピン警察麻薬取締特別エージェントはニッポンのヤクザ⁉」と題した作家・樫原一郎のレポートのなかで、ワタナベシズカなる名前を見つけた。記事には、逮捕期日は一九七九年六月二一日、罪状は覚醒剤の密輸とある。

このワタナベシズカこそ、和久井が言うワタナベゲンではないのか。

ここから事態は好転する。逮捕期日を頼りに新聞社系から実話誌まで全ての週刊誌を閲覧すること丸二日、とうとう週刊実話誌でワタナベゲンの獄中記を見つけた。ワタナベシズカがワタナベゲンと一致したのである。まだ獄中記を見つけただけで、和久井の話を鵜呑みにすることはできないが、決して作り話の類ではなく、確かにワタナベゲンはフィリピンからの覚醒剤密輸で暗躍していた。なにせインターネットで検索しても名前すら出てこない情報である。和久井は彼を最もよく知る人物のひとりと理解していい。

翌日、僕は喜び勇んで和久井の事務所に飛び込みこのことを報告した。大宅文庫に通ってから五日目のことだ。

和久井はニヤリと笑みを浮かべた。

「（獄中記が）あっただろう。この〝玄〟という漢字は〝シズカ〟と読むのか。漢字までは知らない私たちの間では〝ゲン〟で通っていたんだけどな」

かくしてワタナベゲンが実在していたことの裏取りについてはカタがついた。

ここに、『フィリピン政府現役麻薬Gメン密輸・売春に踊る』と題して週刊実話誌上で短期連載された獄中記がある。

一九八〇年二月から四月までの、計七回。署名、渡辺玄（四三、当時）。和久井が〝ワタナベ

〝ゲン〟のあだ名で呼ぶ男の実名だ。渡辺はそのまま〝ワタナベ〟。玄は〝シズカ〟と読むが、そのまま音読みして、ゲン。ちなみにフィリピンでは〝ジミー渡辺〟で通っている。

彼は、フィリピン・マニラから韓国を経由し日本へ覚醒剤を密輸した総元締めとして警視庁保安二課により一九七九年七月二七日、覚醒剤取締法違反で逮捕された。フィリピン当局が押収した覚醒剤を譲り受けて横流ししていたと見られている。

直接の逮捕容疑は末端価格にして三億円相当の覚醒剤一キロをクッキー缶に隠し、運び屋を使って韓国から密輸しようとした疑い。これまで一五キロ（四五億円相当）を密輸し住吉会系のヤクザに流していたと当時の新聞は伝えた。

驚くべきことに記事でも、密輸の総元締めの渡辺は、日本人でありながらフィリピン密輸取締本部と麻薬取締本部から嘱託依頼された、レッキとした捜査官だと伝えている。

どうして渡辺は覚醒剤の密輸・密売の元締めになったのか。その引き金になったのは、他ならぬ和久井だったのか――。

もちろん獄中記だけを妄信するわけにはいかない。都合のいい話だけを書いて、知られたくない話は省く。よく言われるように、自伝の類には作為的な部分があり、後に関係者からツッコミが入ることがままあるからだ。

とはいえ、改めて本人に話を聞ける状況にはない。この獄中記を基にするにしても、多角的な検証が必要だろう。

僕は和久井に向かって、「とにかく細部まで訊かせてください」と切り出した。小さく頷いた和久井から語られたのは、控えめに言っても雲を掴むような話の連続だった。

それでも、新たにワタナベゲンを逮捕した人物の証言が取れたことで、丹念に過去を遡ることができた。闇に葬られていたフィリピンルートの全貌を、東京拘置所で書かれた前述の手記の主要部分を要約し、関係者の証言を加えて明らかにしたい。

## ワタナベゲンの正体

一九三五年。韓国で生まれた渡辺は、終戦で引き揚げた後、慶応高校卒業、慶応大学法学部へと進学した。クラスメイトだった昭和の大俳優・石原裕次郎が中退すると、後を追うように、彼も中退。日本経済新聞社記者になり、図らずしてフィリピン政府高官・バルバ（マルコス大統領の義理の弟）と知り合った。大新聞の肩書きにフィリピン政府のパイプ。傍からみたらエリート街道そのものだったろう。

だが精鋭もギャンブルにのめり込むまでの話だった。パチンコや麻雀に飽き足らず、ヤクザが仕切る違法賭博場にまで手を出した。博打三昧の生活を求めて大阪・中央区の大手先物取引会社「西田三郎商店（※現在は閉業）」に転職までしたのである。

和久井が渡辺と知り合ったのは一九六七年ごろ、和久井が逮捕されてから直ぐのことである。和久井が兄弟分の泉三郎と仕切る大阪・高津の本引き賭博場に当時、西田三郎商店の課長をしていた渡辺が客として遊びに来たのがきっかけだった。

渡辺と顔見知りになった賭場の客たちが渡辺の誘いに乗って高レート麻雀で身包みを剥がされたのは、それから直ぐのことだ。

「ワタナベゲンが後に国際ゴルフの社長になる人間と組んでイカサマを仕掛けた。それで五人の被害者が出たんだ」

方々でカモを見つけてはイカサマを繰り返していた二人。被害総額は、賭場の客だけでも当時のカネで二〇〇〇万円にのぼっていた。激しいキリトリに耐えかねた五人が和久井を頼り、コトは発覚したのである。

そこで和久井はヤクザ組織の客分としての本領を発揮する。

「ワタナベゲンと、後に国際ゴルフの社長になる男を拐《さら》ったの」

賭場の客には返金させ、残りの利益を折半することで話をつけた和久井。こうして詐欺師とケツモチとでも言うべき関係が始まった。

ここで、獄中記には記されていない渡辺とフィリピンとの接点にも触れておきたい。

彼は和久井の賭場で、同じく賭場の常連だった和久井の先輩である右翼団体・日本皇民党《にほんこうみんとう》の稲本虎翁《いなもととらおう》とも知り合ったという。そもそも稲本虎翁は、皇民党を作る前は白神組の幹部で、和久井の先輩にあたり、和久井が紹介したそうだ。

白神組には〝影下のマー坊〟という稲本虎翁の兄弟分がいた。影下は、若い頃から麻薬（ヘロイン）で有名な五島組の連中と付き合い、「香港・台湾・タイ・フィリピンにシノギの件で行っていた」という。

ヤクザは当時、和久井いわく麻薬・保険金殺人・臓器売買を当たり前のようにシノギにしていた。殺人事件で七年間服役した影下は出所後、白神組に戻らずヤクザをやめて密輸・密売などの非合法商売に走った。ゆえにフィリピンにも頻繁に飛んでいたそうだ。

「フィリピンへは最初、五島組のルートで行ったと聞いている。そして香港、台湾、タイなどと同様にフィリピンにも拠点を作った」

ともかく、三人は和久井の紹介で自然に出会い、影下と渡辺は二人で頻繁にフィリピンへ出向くようになる。

渡辺はカネになるなら何でもする男だった。また先物取引の営業課長であることから、多くの上客を抱えていたばかりか、口八丁手八丁で詐欺まがいの販売をする天才でもあった。

「上客を温泉に連れて行って、シャブを与えて女を抱かせ手籠めにしちゃう」

ヤクザから仕入れたシャブで客を溶かしたと和久井は言った。シャブはあくまで先物商品を売る道具に過ぎなかった、まだこのときは。

覚醒剤の密輸に乗り出したのは、和久井に追い込みをかけられたからである。

「ワタナベゲンが仕手（先物取引）で失敗して俺の知り合いの男を大損させたんだ」

渡辺の熱意とシャブにトロけて大金を投じた知り合いの男。〈万が一の場合は補填をします〉と署名入りで書かれた保証書が安心材料だった。が、あろうことか渡辺はその保証書を反故にした。

そこで仲裁に入るのがトラブルコンサルタントの和久井だ。知らぬ存ぜぬを貫く渡辺に苛立ちながらも、ある妙案を思いつく。

「また俺の賭場に誘ってポンコツをかけた」

ポンコツ。イカサマを現すアングラ・カジノ用語である。ギャンブル中毒の渡辺は見事に借金だらけになった。

追い込まれた渡辺に、和久井は先物大手の元課長の手腕を見込んで言った。

「コレを売って返済しろ」

逮捕時に押収を免れた、大阪の社長の工場に残っていた五キロの覚醒剤だ。しかしキリトリ依頼から数ヵ月後、渡辺は西田三郎商店を辞め國粋会の山田政雄と組み東京・兜町で小さな証券会社を始めるなど裏稼業から足を洗おうとしている時期だった。

「和久井さん、いまはマトモな商売をしているんでもう、勘弁してください」

「そうだよな。なら借金はどうするんだ？　最後にコレだけは請負え」

和久井の事務所に東声会の幹部が押しかけてきたのは、その数日後のことだ。山田政雄に助けを求めたに違いない。

「話は聞いてるよ。本人は嫌がってるんだから手を引いてくれないか」

「おたくが代わりにカネを返してくれるんなら手を引きますよ」

借金の返済方法としてシャブの密売を背負わされているとは説明していなかったのだろう。山田政雄は不義理を良しとはしなかった。

「なぜ全ての事情を話さないいんだ？　ウチは覚醒剤は扱わない。もうお前に会社は任せられない。身を綺麗にしてから出直して来い」

カタギの道は閉ざされた。もちろん山田政雄の後ろ盾もない。八方塞がりになったやり場のない気持ちを渡辺はぼやく。

「どうしたもんですかね、和久井さん……」

「世の中には筋目ってのがあるんだ」

そのとき和久井は、渡辺が影下のマー坊と頻繁にフィリピンに行っていたことを思い出した。

「お前、フィリピンに人脈があるのか?」

「友達がイメルダと懇意にしていますよ」

マルコス大統領の義弟・バルバのラインからファーストレディにも顔が利くというのである。

「ならイメルダを口説いてみろ」

かくして傀儡になった渡辺は一九七一年、サンプル用に一〇〇グラムの覚醒剤を持たされフィリピンに飛んだ。イメルダ夫人と手を組み、国家プロジェクトで覚醒剤を造るようになったのである。

件の独占告白記事によれば、一九六七年に渡比し、鰹節の製造販売業を経て一九七一年、フィリピンで厳戒令が出されたのを機に捜査官に。続く一九七四年に密輸取締官。さらに一九七六年には麻薬取締官になったと記されている。

嘱託とはいえ、渡辺が重要なポストに就けたのには理由があった。日経新聞記者時代に対日賠償使節団としてフィリピンから来た政府代表の随員だったマルコス大統領の義弟・バルバの知遇を得る。この縁で一九六七年から再三にわたりフィリピンに渡航して現地人と結婚し一児を授かり、洗礼してジミーというクリスチャン・ネームが与えられた。

鰹節工場が潰れてからは政界の黒幕・バルバを身元保証人として政府機関で働くようになった。〝友達〟のツテで日本人でありながら重要なポストに就けたと推測される。

「俺とイメルダのことはだけは謳わなかった。言ったらどうなるか分かっていただろうからな」

報復を恐れた渡辺の偽言だと和久井は言う。

ここは和久井が正しいとしよう。自分の過去を都合よく改ざんすることはよくあることなのかもしれない。

## 極秘の密輸プロジェクト

「ゲンはゲンのルートで、俺は、俺のルートで捌いた。かつてのルートに電話してシナモノは弄らず、ゲンに運ばせた。それで友達のヤクザ組長らが商売をするようになったんだ。

警視庁と約束したから直接は手を出さず、遠隔操作してゲンに礼金だけ持ってこさせた。礼金は利益の三〇%。俺が受けたシナモノだけでも一〇〇キロは下らない。ゲンのルートと併せれば、まあ、そんな半端な量じゃなかったと思う。

手口は、詳細までは知らないが韓国ルートのごとくイメルダから与えられた外交特権を使い、普通に空輸したはずだ。そう、ゲンは外交特権を持っている唯一の日本人だった」

和久井も知らない密輸の手口とはいかなるものか。暗黒街のボスから麻薬取締本部、政府高官までをも巻き込んだ国家プロジェクトだったのである。

一九七七年一〇月。マンダルーヨン市郊外のワクワク・ゴルフ場の会員制特別応接室に捜査幹部たちが集っていた。中央の席にどっかりと座ったのが国会議員のヘイドンである。彼を囲むようにして右側から国家犯罪捜査局（ＮＢＩ）のバルデス秘密調査官、麻薬取締本部のジョー・サントス取締官、マニラ市警のロミー・デラクルス警ら隊長。そして左側から、マラカニアン宮殿所属のロジャー・ハバデ警備隊長、バサイ市警のツニート・ゴサイゴ主席捜査官。

驚くべきことに、マカティ市市議会員で製薬会社を経営し、暗黒街の顔役と三つの顔を持つエミリオ・Ｖ・タヤオまでが加わっている。末席にいるのは日本人、ジミー渡辺だ。

エミリオ・V・タヤオ。なぜ暗黒街のボスが政府高官や麻薬取締官と同じ穴のムジナとしてまかり通っているのか。

彼は戦前、戦後を通じて、マニラにおけるシカゴ・マフィア系のゴッドファーザーとして、親マルコス派の旗頭と言われていた。日本のヤクザの親分衆とも関わりがあり、商用、私用、公用で来日した回数は数知れない。マルコス大統領夫妻が訪日した際も、随行員として加わっていたほどだ。

それ以前に彼は日本のヤクザ関係者と謀って、ドイツ製の覚醒剤の密貿易に手を染めたことがある。フィリピンでは取締り規制下にないシャブを、ドイツの製薬メーカー・メルク社から堂々と正式に輸入して、マニラから日本国内に向けて密輸出をしていたのである。

日本への覚醒剤の密輸出国は韓国、台湾、香港、タイ、フィリピンの順であった。なかでも韓国製のものは「ガンコロ」、香港製のものは「雪ネタ」と称され、特に人気があった。

しかも韓国製の一部が性感を著しく刺激するものに改良されると、若者たちを中心に一般家庭にまで使用者の裾野が広がったことは既に記した通りだ。

韓国製の覚醒剤のように快感を刺激するものではない。かつてのヒロポンのごとく純度一〇〇%のシロモノである。なにせ製薬会社が造っているのだ。となれば品質は間違いない。売り先である日本では違法であることは百も承知ではあったが、シャブは羽が生えたように売れ、彼はこの密売でボロ儲けする。

しかし長くは続かなかった。日本での取引き仲間が次々と日本の警察に逮捕されるに及んで、彼は身の危険を感じてドイツとの取引きを一時中止していたのである。

日本から指名手配を受けた日本人の密輸業者、つまりヤクザたちは当時、マニラのタヤオの屋敷内にしばらく身を潜め、ほとぼりが冷めるのを待って帰国したが、ほぼ全員が逮捕され、このシンジケートは壊滅した歴史がある。

この場にタヤオがいたのは、新たなルートを作るべく密かに動いていたからだ。

麻薬取締本部は先頃、バルデスの情報からジミー渡辺を囮捜査に関与させテッド・ガルシアという大物を逮捕した。麻薬取締法違反と大麻取締法違反の容疑である。テッド・ガルシアと国会議員のヘイドンは切っても切れない関係にあった。ヘタをすると事件の波はヘイドンにもかぶってくる。となればフィリピン政府は大揺れに揺れる事態になりかねない。

バルデス秘密調査員が渡辺に語ったところによると、ヘイドン国会議員と密売人ガルシアの強固な結びつきを探り出して、ヘイドンを恐喝し、このシンジケートの連合を企画したものだという。それだけ、タヤオの持つ情報網は根深く、正確であった。

しかも彼は、覚醒剤に対する知識と原材料を仕入れるルートについては第一人者である。早くもメルケル社に渡り話をまとめていた。

いかにしてヘイドンを庇護するか。むろん被疑者であるガルシアの処置まで何らかの変更なり隠蔽工作が不可欠である。

集まった者たちは、麻薬事犯の隠蔽工作の見返りとして、ヘイドンから何らかの言質《げんち》か、それに相当する謝礼を期待しているようだった。

ヘイドンの見返りは驚くものであった。この場で「覚醒剤の製造販売」「拳銃の横流し密輸」をやろうというのである。ヘイドンにしてみれば、仲間に引きずり込む狙いがあっただろう。一方、麻薬捜査官にしてみれば、これまで彼らが手がけてきた麻薬密売の膨大な利益のおこぼれにあずかれる願ってもない話である。

日本人密輸業者、密売人との接触には、ジミー渡辺をおいて他にはいないという意見が大半を占めた。かくして全員一致で権力の庇護のもとに実行されることが決まったのである。

## 協力者

日本での販売責任者はジミー渡辺、覚醒剤密造の責任者は麻薬取締本部のジョー・サントス取締官に決まった。密造場所は、麻薬取締本部の研究所の所在地であるビクータン基地が選ばれた。お膝元が一番安全であるという結論である。

薬剤師の資格も持つジョー・サントスはサンプル品を渡辺の前でテストして見せた。

水を入れたグラスを三つ置く。ティッシュペーパーをなかに入れて、目に見えないゴミを取り除く。そしてピンセットで約二立方ミリメートルの覚醒剤の白色結晶状の破片を水面にそっと落とす。

と、どうだ。右回りに回転した薬品の粒子は、水面上の張力を利用してグラスの縁に向かい一直線に走った。まるでビリヤードのスリークッションのようにグラスの縁を叩くと、当たった角度と同角度で対角的に方向を変えて走る。

溶解しながらこれを繰り返し、形状を次第に小さくし、前の軌跡にぶつかると一旦停止し、他のきれいな水面を求めて走り直す。

その間、約一五秒。あっという間にすべてが溶解する。首尾よく上質の覚醒剤が仕上がったのである。

日本でシャブとチャカを売りさばくとなれば、日本国内の協力者が必要になる。ジミー渡辺は帰国の準備をしながら以前、マニラで出会った元ヤクザの男を使う手を考えていた。

日本に飛んだジミー渡辺が元ヤクザの男に計画を打ち明けると、男は悩みながらも受け入れた。

同時期、ジミー渡辺は元ヤクザの男にジャック・グリーンなるアメリカ人を引き合わせている。アメリカ麻薬取締局から派遣されているアメリカ司法省ＤＥＡ所属の特別捜査官で、マニラ米国大使館書記官とＤＥＡマニラ事務所長の肩書きを持つ人物だ。ジミー渡辺は元ヤクザの男を日本から休暇で遊びにきている捜査官に仕立てた。

日本では、密輸量が年間二〇〇〇キロと言われていた。末端価格で約六〇〇〇億円のカネに化ける。しかもその取締りの状況は、多くが外国からの密輸だけに密輸業者、密売人、使用者の摘発が主である。最終的な心臓部である密造元の摘発は、外国への協力要請の形しか取れない。身を乗り出し聞き入るグリーンに、ショルダーバッグから薬物のサンプルを取り出し机の上に並べ、ジミー渡辺は言った。

「これは日本では覚醒剤取締法で禁止されているのです。私はフィリピンのＩＤカードは持っているが、日本に行けば一般人です。この薬品を持ち運ぶためには、どうしても権威のあるアメリカ合衆国司法省のＤＥＡ捜査官であるアナタの証明が欲しい。何とか持ち運び証明書を発行してもらえないだろうか」

交換条件でゴールデン・トライアングルからバンコク経由でオロガボン市に密輸されているへ

ロイン・グループの捜査資料を渡すという。グリーンの気持ちは動いた。一九七八年六月、マニラの熱い夜のことだった。

## 日本での販売ルート

〈フィリピン政府軍ビクータン基地麻薬取締本部に嘱託員として駐在する者である。この証明書を発給するに際し、同人が所持する薬品類については、業務上検査のため持ち運びにかかる薬品類として許可したものであり、違法所持行為でないことを承認する。また、すべての官憲各位におかれても、同人が支障なく円滑に対処できるべく援助されることを要請する〉

渡辺がまんまとせしめたこの証明書は、日本に覚醒剤を運ぶ際に万一、税関職員にチェックされたり摘発されたりした場合の免罪符だ。

一方、元ヤクザの男はすでに日本での販売ルートをほぼ完成させていた。日本における密売第一人者、つまりネタ元と呼ばれる元締め格の下部組織には枝があり、葉があり、最終的な末端小売人まで五段階程度の中間機構を経由する。

それだけの人手を要するから、中間マージンは危険手当も含んで莫大な額にのぼった。密輸業者の手で密輸された覚醒剤は、国内渡しでキロ単位で第一次ネタ元に対して、一キロ五〇〇万から七〇〇万で卸売りされる。一グラム単位で五〇〇〇円から七〇〇〇円である。

ネタ元（総元締め）は一〇〇グラム単位でビニールパケに小分けし、第二次ネタ元に一グラム当たり八〇〇〇円から一万円で売却する。その差額が総元締めの懐に転がり込む。キロ単位の取引のため一キロにつき約三〇〇万円の純利益である。

第二次ネタ元は、一〇グラム単位のビニールパケに小分けして、中間売人に一グラム当たり一万五〇〇〇円から二万円で流し、中間売人から末端売人には一グラム単位のビニールパケに小分けし、一グラム当たり三万円から五万円で取引される。

末端に近づくほど利益率は高くなる。第二次ネタ元では約八〇%、中間売人で約一〇〇%、末端売人に至っては約一五〇%から二〇〇%となる。

末端売人はさらに末端小売人にパケと称するグラム以下の微量を計算して、それぞれ転売する。ほとんどの使用者は末端小売人から購入し、一回の使用量〇・〇二グラムの相場が五〇〇〇円というから、末端価格はグラム当たり二五万円という天文学的な数字に化ける。なるほど大いに儲かるはずである。

方々の組織からの注文は引きも切らず、その総量は三キロを超える繁盛ぶりだった。

〈フィリピン・セブ島産の冷凍エビを大至急三トン送って欲しい〉
マニラのジミー渡辺への発注には巧妙な暗号が使われた。覚醒剤は「冷凍エビ」、密造工場は「セブ島」、といった具合である。

## 監視の〝穴〟

元ヤクザの男から三キロの注文を受けた渡辺は、密輸の手口についてあれこれと思い悩んだ。庭であるマニラ国際空港は何も問題ないが、日本側空港税関で通関士の厳しい監視をいかにして潜り抜けるかが最大のネックである。

過去の渡航経験と、密輸取締官として知り得た密輸の手口から「逃げない、隠さない」という結論に至った。逃げれば追う、隠せば探すのは自明の理である。

渡辺は、日本税関では持ち込み禁止だが、堂々と携帯品申告書に記載することができて、所持しても違法にならない物品を探した。つまりこれをオトリにして通関の際にわざと通関士と、その物品について持ち込みに対する物議を起こし、それによって携帯品検査から注意をほかに転じさせようという狙いである。

加えて税関検査のラッシュアワーを狙うことにした。仮に旅行者一人の検査時間を一分で済ますとしても一時間に六〇人しかカウンターを通れない。カウンターは課税非課税別であり、全部がフル回転しても羽田の場合、一時間に六〇〇人の処理がやっとであった。

混雑時ともなればそういう訳にもいかない。到着客で身動きが取れないから、これはと目星をつけた旅行者を間引き検査する。また、タレコミ情報があった場合は特別室に任意同行して検査する。

検疫検査があるが、携帯品のなかで特に許可されているハワイ産のパイナップル、マンゴーなどの果物は別として、他国からの種子つき果物は持ち込み禁止品である。渡辺はここに目をつけ、マニラ産のマンゴーや果物類を所持して、わざと物議の種を蒔くことにしたのである。

### 抜け道

ジョー・サントスからは予定通り三キロの覚醒剤が届いた。これをどのような容器に入れて日本に持ち出すかが最大の難問であった。過去から学び、かつて摘発を受けた水牛の角、木彫りの人形、壺、貝殻製品、電気スタンド、ゴルフバッグ、酒ビン、煙草箱などは避けなければならない。

あれこれと考えを巡らせた挙句、閃いたものがあった。免税店で売っている商品の空箱を利用することである。

幸い、渡辺のパスポートは、長期滞在のために在マニラ大使館が発給した日本政府発行の数次旅券だ。提示するだけで市内の免税店で旅行者の恩恵が受けられる。

マニラ・ヒルトンホテルの一角にあるデューティ・フリーショップで物色した結果、NET・一〇〇〇Gと表示してあるイギリス製のクッキー缶三つを選んだ。包装紙に免税店のシールが貼ってあることがミソである。クッキー缶を覆うビニール袋には「免税店・マニラ国際空港」と大きく英語で印刷されている。

マニラからの帰国者の旅具検査の場合、日本税関では、この免税店のシールが貼ってあるビニール袋には目もくれない。日本では一度、出入国管理事務所のカウンターを通過した者でなければ免税店のシールの貼ってある品物を入手することができないからだ。

渡辺はこの盲点を突くことにした。

一九七七年九月末、渡辺はマニラ空港から日本航空で、覚醒剤三キロと二二口径とアストラオートマット一丁を運ぶ日が来た。

午後一時四五分、予定時刻通りに渡辺はビニール袋とボストンバッグを持ってマニラ国際空港に着く。出国カウンターを通り抜けると、ショルダーバッグから空港内専用のＩＤカードを取り出し胸ポケットにつける。

出国カウンターから直進すると、一般旅客の携帯品及び身体検査のチェックポイントがある。赤外線と金属探知機で武器類の摘発や、違法物品、外為法違反のドル持ち出しを厳しくチェックされる。

渡辺はそこへ直進せずに、すぐ右手にあるドアを開けた。ドアには「空港関係者以外立入禁止」の表示がある。構わずに彼はそこから中庭のようになっている出発搭乗客専用のバスロビーを突っ切って税関ロビーに入った。

見事に税関を突破した。しかも税関ロビーの免税店でレミー・マルタン三本とモア一箱を買ったついでに、覚醒剤の入っているクッキー缶をセールスレディに包装させたのである。彼女は包装した上に求めに応じてテープで飾りリボンを結び、デューティフリーの印をペタリと捺《お》した。

しかし予期せぬ事態が待ち受けていた。搭乗案内のコールがアナウンスされ、乗客たちがバスに向かって列を作る。進みながら渡辺が前を見ると、搭乗券を切り離すすぐ先で再び身体検査と携帯品のチェックをしているではないか。逃れるすべはない。日本航空だけが再チェックすることを知らなかったのである。それでも何か抜け道があるはずだ。渡辺はじっと前方を観察しながら思いを巡らした。

左右方向に別れての検査だが、右が女、左が男の係官である。いずれもフィリピン人の日航職員であったが、男の係官の方はバッグを上から覗き込むだけで、あとは金属探知機の身体検査だ。渡辺は自然と左の列に移しかえ、二二口径アトラスをバッグの底に押し込み、すぐ係官の目に触れるようＩＤカードを上にした。

案の定、係官はＩＤカードが目に入ると〝ホウ〟という顔付きですぐにバッグを渡辺に返した。

午後二時四一分。日航機はマニラを飛び立った。

## 成功

三キロの覚醒剤と拳銃を持った渡辺の日航機は午後七時三〇分、羽田空港に降り立った。検疫所と入管カウンターを通り、手荷物到着カウンターでベルトコンベアから流れてきたボストンバッグを取る。

旅具検査の順番が来た。係官は申告書をじっと眺めて言った。

「一時帰国ですか」

「ええ、出張で来てまた直ぐ帰ります。家族も向こうにいますから」

係官は渡辺のバッグの中身を調べようともしなかった。渡辺は一度も後ろを振り返らずゆっくりと前へ歩いた。密輸は難なく成功したのだ。

## ワタナベの運命

シャブは契約通り順調に捌けていった。集めたカネで元ヤクザの男と二人、当時円高で安くなったドルを買った。ドルを香港で売る。すると、ペソと円の関係は通常の為替レートに比べて一四％もの差益をもたらしたのである。日本から香港経由でマニラ入りすると、渡辺の懐にはその都度一〇〇万円相当が舞い込んだ。手にしたカネで栄耀栄華を極めた。

が、そんな甘い生活も僅か三年のことだった。警視庁捜査公安二課の地道な捜査により、フィリピンからの覚醒剤密輸の元締めとして渡辺の名前が浮上したのが運の尽きだった。

ほどなくインターポール（国際警察）が指名手配すると、警察庁外事課からマニラの日本大使館にいる参事官の手で渡辺は拘束された。着の身着のままで羽田行きの飛行機に乗せられた渡辺の手首に、飛行機が公海上に差し掛かった途端、〝ガチャ〟っと冷たい響きで手錠が食い込んだ。

和久井に「ならイメルダを口説いてみろ」と言われたあのとき、渡辺は逮捕される運命にあったのだろう。

## 逮捕の裏側

和久井は言っていた。ワタナベゲンをマニラで拘束する際に通訳として立ち会ったのが、「アンタも知っている金田仁だ」と。

金田仁。ロックミュージシャンである故・忌野清志郎《いまわのきよしろう》の初代マネージャーにして、後にフィリピンを舞台とした「史上最大の拳銃密輸事件」に関わり、懲役一五年。流転してフィリピン警察組織の刑事捜査グループ（CIDG）に属する現役警察官になっていた彼と取材を通じて知り合ってからもう、一〇年以上が経つ。

僕は、その裏取りのため金田と連絡を取った。たまたま日本にいるタイミングだった。

金田は言った。

「渡辺玄？　ああ、ジミー・ワタナベのことはよく覚えています。年齢は私より一〇ほど上だから当時、四〇歳手前。身長一七〇センチほどで中肉中背。黒縁メガネの男だった。

私は当時、ISAAFP（イサップ）という国軍情報部に所属していました。イサップの幹部・カーネルラントリア大佐とは兄弟分のような仲で、彼と警察（※当時はINPとPCの二つあった。INPはインテグレーテッドナショナルポリス。統合された国家警察。PCはフィリピン軍警察。警察だが軍人の組織）INPの警部・キャプテンボビーバーバスとも兄弟分だった。バーバスとラントリアとそして私。その三人の関係ができた。その後INPのボビーとイサップがジョイントオペレーションをするようになった。そんな流れのなかで、当時、入管のジミーメンドーサ捜査官から『覚醒剤を取り扱っている人間がいる』という話があった。聞けば、名前はジミー・ワタナベ。そう、渡辺玄でした」

金田は、記憶をたぐり寄せながら、明瞭に経緯を説明した。そして逮捕するべく動いたのである。

「入管職員は、ミッションによっては拳銃を携行できます。が、普段は丸腰。それでイサップの人間とINPのボビーの部下六名、入管のジミーメンドーサ捜査官他、数名とで情報収集していたところ、ワタナベが頻繁にマニラ港のフローティング（船上）・カジノに出入りしていることが分かった」

豪華客船・フィリピン・ツーリスト二世号内。戒厳令（マーシャル・ロー）下のマルコス政権が観光客専用に開いた、二四時間営業の国営カジノである。

一九七九年、既に外出禁止令が解除されていた。マーシャル・ローは続いていたが、深夜の外出禁止令が一九七七年一一月に解除され、夜は出歩けるようになっていたのである。

フローティング・カジノは沖の方にあると厄介だ。客船に迫り来る怪しいボートの動きを察知され、その隙に逃げられる恐れがあるためである。が、首尾よくマニラ港に接岸していた。金田が続ける。

「ダメ元で私が船に乗り込んだら、運よくジミー・ワタナベがバカラに興じていた。それでゲームが終わるまで港に戻って待機し、ボートで陸に上がったところを逮捕した。その現場に私は通訳として立ち会いました。そしてフィリピン政府が日本に引き渡したのは事実です。そこまでは確認しました。

容疑は覚醒剤取締法違反。逮捕時には小さな二五口径の拳銃を持っていたことを覚えています。それにしても、よく拳銃を持って入れたなと思いました。治外法権のフローティング・カジノであっても、もちろん身体検査はありますから」

件の手記にも、渡辺がカジノに興じる描写や、常に拳銃を所持していた一節がある。

〈スロットマシーンにかじりつく者、ルーレット盤の白球を追う者、クラップスやハイ・ローのダイスに目を凝らす者、ブラック・ジャックのカードを握りしめる者、バカラ・テーブルで勝負に刺激を求める者。

船名のようにほとんどパスポート所持者の観光客で場内は埋められているが、なかには、案内役と称して観光客と同伴入場する売春婦もいれば、治外法権の特殊地域を知ってか、モグリの高利貸や、麻薬の密売人も闇に蠢く。

賭け好きで富裕な華僑も多いが、今夜のジミー渡辺のチップの張り方には追いつけない。ジミー渡辺は、いとも無造作に、その国の国民所得の平均二年分にも相当する金額のチップを一度のゲームに賭けているのだ。

バッグの底の冷たいやつをそっと撫でるように確かめた。コルト・ディテクティブ、三八口径、自動回転式、六連発——主に私服警官が好む。銃身の短い、いつものやつだ。拳銃所持許可証とIDカードはサイドポケットにある〉

和久井はこうも言っていた。次第に渡辺は本来、払うべき覚醒剤の密売で得たマージンを自分の懐に入れるようになった。要はイメルダを裏切った。だから排除すべくイメルダが動いた、と。

僕の話をウンウンと聞いていた金田は、半ば呆れたような表情を浮かべて持論を述べた。

「それは作り話だと思います。ジミー・ワタナベは大ボラ吹きで知られていました。フィリピンではイメルダさんの名前は言えないでしょう。マルコスの独裁政権時代にイメルダさんの悪評を流そうものならタダでは済まないですから。だから日本ではそう言ったんじゃないでしょうか。もっとも、当時から莫大な資産を持つイメルダさんがリスクを冒してまでシャブの密輸に関わる必要がありません」

もっともなリクツに思える。和久井は「ゲンによれば自由になる裏金が必要だったらしいからな」と裏事情を話したが、果たしてその必要があったのだろうか。しかし前述の通り、マルコス政権の中枢にいた者たちがシャブの密造・密売に関わり、その実行役である渡辺が逮捕されたことだけは事実だ。

改めて和久井に訊くと、「金田は単なる通訳として立ち会っただけだからな。深い事情までは知らないんだろう」と言った後、「イメルダが暗躍していたことは間違いない」と断言した。だが、それが正しいか否かは僕には突き止めようがない。

「その後は九州の組織が密輸したシナモノを、江藤や野原、城島が仕入れて関東で捌く時代になる」

和久井は言った。

どうして彼らが暗躍したのか。

経緯を紐解くためには、既に他界した城島を除き、江藤か野原に接触する必要がある。

僕はそのヒントを頼りにふたたび旅に出た。和久井の後に第三次覚醒剤禍を起こした重要人物たちに会うために。

# 第四章 ◉ 第三次覚醒剤禍 【多様化する覚醒剤シンジケート】

## 第三次覚醒剤禍の重要人物

江藤への取材は手を尽くすも叶わなかった。だが、野原への取材は難なく進んだ。まだ覚醒剤史の重要人物だとは認識していなかったころに面識があったからである。後述する会長銃撃事件の主犯格として収監された過去がある、野原幸治郎（仮名、七〇代）。和久井が関東の三人衆のひとりとして名前を挙げたヤクザ組織幹部だ。

既に約束は取り付けてある。果たして和久井の話は本当なのか。真相を当人から訊くしかない。

取材を打診するにあたり、僕が「匿名でも」と切り出すと、野原は「別に実名を出しても構わない」と言った。事実で、過去のことだから、誰かに配慮する必要がないというのが、その理由だ。だが、現存する団体や組織名は極力出さないという本取材のルールに則り、こちらの判断であえて仮名にさせていただいた。野原の実名を出せば、江藤をはじめとする関係者の名前や組織名まで紐付いてしまう可能性があるからだ。

東京・浅草。指定された純喫茶で野原を待った。

会うのはいつぶりだろうか。最後は確か半年前、和久井の事務所で偶然、居合わせることがほとんどで、二人だけで会うのは初めてだ。まだ約束した時刻には一時間近くある。遅れまいとして早く来すぎてしまう、いつもの癖だ。緊張のあまりタバコを吸おうとカバンを弄るが、ヤメた。失礼があってはならない。

約束の時間から三〇分前に、上下スウェット姿で野原は現れた。人物の特定に繋がるような容姿の描写はできないが、欠損した小指は薄手の手袋で隠れているにせよさすがにカタギには見えない。

すでに電話で要件は伝えてある。まずは覚醒剤を扱うようになった経緯を尋ねると、腕組みをしてから口を開いた。

「最初はタバコでした」

タバコ。昭和のヤクザが使った大麻の隠語である。

和久井が火をつけた一九七〇年代からの第二次覚醒剤禍から一九九〇年代に入り、警察庁によれば徹底した取締りにより徐々に鎮静化し、一万五〇〇〇人前後で推移していたが、覚醒剤事犯の年度ごとの検挙人員は一九九五年に増加に転じ、一九九七年には二万人に達し〝第三次覚醒剤

かった。

禍〟に突入した。

検挙数が増加に転じた一九九五年に何があったのか。それが野原の台頭だとは思いもしなかった。

いまから三〇数年前、野原は長崎・諫早《いさはや》の長崎刑務所で九州の組織の男と知り合う。後に男は亡くなるが、その舎弟が野原と同組織の幹部の男と引き合わせた。

当時の野原は、カネはあったがシノギに困っていた。元々は千葉の博徒で、競馬のノミ行為で我が世の春を謳歌していたが、ヤクザ組織同士の大抗争での懲役から帰ると、客が離れてしまったのである。

ならばと東京で顔が広く、以前から懇意にしていた別事件で懲役中に破門になった城島を舎弟にして、放免祝いにと二人で酒をあおっていた。

「城島の人脈で、東京でノミ屋をやろうと思ってね」

その酒の席で、城島が意外なことを口にした。

「覚醒剤を仕入れたいからカネを貸して欲しい」

当時の、関東のシャブ・シンジケートは江藤が一大勢力圏をつくり、裾野は一般家庭にまで広がりつつあった。確かに客はゴマンといる。ブツさえ確保できれば確かに良いシノギになるだろう。

「それでカネを投げてやったら、どこからか一〇〇グラムほど仕入れてきた。それが飛ぶように売れたんです」

これを機に野原は、覚醒剤をシノギにすることを考えた。ノミ屋以上の実入りが見込めると踏んでのことである。

問題は一つ。いかに安定して、それも大量に仕入れるかだ。先人の江藤に頼めば、果たして旨味は半減する。なんとか独自ルートで仕入れることはできないものか。

「そう。そのさなかにタバコの話が回ってきたんです」

野原は指定された東京・全日空ホテルのラウンジに出向いた。相手はもちろん、九州の組織の幹部である。

「実はタバコがいっぱいある」

野原は幹部の男からそう言われたという。僕は訊いた。

「それを捌いて欲しいと?」

「ええ。でもシャブじゃなかったから、東京の他の組織に出したり、九州の有力組織で出したりするならやらないと、俺は値踏みしました」

ともあれ、関東への卸先は野原に一本化することでまとまり、タバコのシノギを始めた。一トン。四角く圧縮してフィリピンから密輸したものだという。

「シャブをやる人間はマリファナもやるんですよ」

コトは首尾よく運ぶものである。九州の組織はシャブの総元締めでもあったのだ。

城島のルートで一トンを捌いているうちに野原が「白い方（覚醒剤）はないんですか？」と聞くと、東京の他の組織にも卸しているから「ある」という。

「なら白い方もお願いします」

野原に迷いはなかった。こうしてシャブの仕入先も確保した。

もちろん多額の現金が手元にあるはずもなく、彼はまず金策に走った。野原の顔と城島の人脈が信用になり金主たちが重い腰をあげる。一〇〇〇万、そして二〇〇〇万。カネはトントン拍子に集まった。金主たちも彼らのシノギに期待していたに違いない。

同時に大麻も仕入れて売った。競合相手がなく、関東の密売市場は彼の独占だった。

もっとも、大麻は覚醒剤に比べて利ざやが薄い。一キロ二〇万で仕入れて四〇万で売る。わずか二〇万しか儲からない。それでも大量仕入れで充分な利益がでる。シャブの売人に話せばマリファナも欲しいとなる。連鎖する客の声をみすみす見過ごすはずもなかった。

「でも、やはりシャブの方が人気があった。だからマリファナはオマケみたいなもんですね」

改めてシャブの旨味に気づかされた野原は、九州の組織が所有する東京・入谷の倉庫をシャブの保管場所として借りるなど密売の仕組みを整え終えると、自分は指示役に徹し、実際の取引は豊富な人脈を持つ舎弟の城島に任せた。あとは城島が売人から受けた注文量に応じて九州に注文するだけ。リスク回避も含めてのことである。

「元締めである九州側の実行部隊の責任者は、日本と欧米人とのハーフの男。見た目はまるっきり白人だった。城島に引き継ぐ前に一度だけ六本木・ロアビルの二階の喫茶店で会いました。その白人がシャブを車のトランクに積んで入谷の倉庫へ。一度に全部は持って来ず、五〇キロずつ運んできたのは、仮に摘発されても残りのブツを逃がせるとの考えからだろう」

ヤクザ然としていない白人の男に驚くが、運搬途中で一度も職質を受けなかったことに鑑みれば、警察対策に打ってつけの人物だったに違いない。

タバコ（※大麻ではない）を燻らせながら、野原は続ける。

「シャブの出元はフィリピンだと聞かされた。実際に確認したわけではないが、おそらく瀬取りで密輸されたんだろう。なにせ九州有力組織の幹部は地元の漁師に造らせた、シャブ運搬専用の漁船を持っていたからね」

完璧、とも思える方法でシャブは難なく関東に上陸し、入谷の倉庫で出荷のときを静かに待つ。

「二〇〇〇万の元手で、とりあえず二〇本仕入れ、それを一本三〇〇〇万で売った。するといくら儲けたことになるの？　えっと、一本あたり二〇〇〇万の儲けだから……」

一九九五年のことである。このシノギで、野原は四〇〇〇〇万ものカネを得た。彼の、この体験は第三次覚醒剤禍が成熟する前夜だった。


味をしめた野原は、さらに大きなヤマを踏むことになる。一〇キロ、二〇キロの話ではない。今度は四〇〇キロ、四億が倍の八億になる大仕事だ。ただ右から左に覚醒剤を流すだけで。

「カネさえ払ってくれれば一度に四〇〇キロまで用意できるという。でも、自己資金は前回儲けた四〇〇〇万ほどしかない。前回の金主たちからは、さすがに四億は無理だと言われた。それで、かつては同じ組織に属し、役職が同列だった有力者に資金提供をお願いしました」

出資者は、その男の口利きで偶然にも江藤に決まった。俺が仕入れて売り捌くから、江藤さんはカネだけ出してくれ。利益は折半でいい——。

江藤はこの時期、リスクに鑑み自ら手を汚すのをやめようと考えていたのではと野原は、自身が関東のトップに躍り出た経緯を振り返る。加えて江藤は、野原─城島ラインの密売ルートも脅威に感じていたことだろう。

幸い、これまでシャブで稼いだカネがタンマリとある。

自然、両者は手を組んだ。

「それで四億借りてシャブを四〇〇キロ仕入れたんです。もちろん江藤さんにはカネを出してもらっただけでなく、少しは手伝ってもらいましたよ。いきなりヤメたらこれまで買ってた顧客が困るでしょう。『ここに運んでくれ』と言われることもありましたから」

九州から大きなダンボール箱に入れられて車で運ばれ、入谷の倉庫に集められた大量の覚醒剤は、注文に応じてアメ横のバッグ問屋で用意した、ちょうど二キロの覚醒剤が収まるサイズの黒いボストンバッグに入れて倉庫から出荷され、入谷インターチェンジ付近の路上でお互い車を停車させて仲買人と取引し、その後は売人たちにより小売りされる運びとなる。

「倉庫の管理人は九州側の若い組員が担ってくれました。その人間に『二本持ってきてくれ、三本持ってきてくれ』と指示を出し、俺が当時乗っていたジャガーのトランクに積んで仲買人のところまで運んだ。倉庫番の人間にもカネを払ってやらなきゃいけなかったけど、楽だし安全でしょう。もちろん運ぶのも俺じゃなく当時、俺の番頭をしていた人間です」

時には明日の取引の分もと、今日の分とまとめて倉庫から出荷してもらうこともあった。むろん残りのシャブは車に積みっぱなしにすることもなく、また自宅に持ち帰ることもなく、安全な場所に一時保管するのだ。どこに？

「自宅マンションの共有部分の植木の土のなかに隠すんですよ。雨が降っても濡れないようにビニールで包んでね」

夜明け前、再び愛車のジャガーに積み込み番頭が入谷インターの取引現場に向かうのである。覚醒剤の保管や運搬方法は、こうした単純なもの。違法薬物を扱うにしては杜撰すぎやしないのか。積み替え作業を内偵捜査されていたり、途中で職質を受けないとも限らない。

「これが江藤さんのところみたいに根っからのシャブ屋だったら警察も目を光らせたと思う。幸い、ウチの組はこれまで一度もシャブを扱ったことがなかった。だからノーマークだったんでしょう」

そのため、職質はおろか捜査の気配も一度も感じなかったという。全てが上手く嚙み合い野原は、関東一のシャブ屋としてその名を水面下で轟かすことになる。

「当時は四〇〇キロのシャブが半年で売り切れた。なくなれば直ぐに補充してくれる手筈になっていました」

覚醒剤を注射器に入れて試し打ちし、シナモノの品質を見極め、双方がアタッシュケースに入れたカネとシャブ交換する――。

ヤクザ映画で見る取引シーンと違い、野原の商いはしごく単純だ。注文に応じて九州から覚醒剤を仕入れれば、あとはシナモノを右から左へ流すだけ。野原も、客も、断じて試し打ちなどしない。あくまで信用取引だ。

とはいえ不安はなかったのか。また客も疑念を抱かなかったのか。不純物でカサ増しされていないとは限らない。

「大きな取引でヘンなシナモノ持ってきたら相手も大変でしょう。もちろんウチもカサ増しなど絶対にしなかった。九州を信頼していたから試し打ちなんてしないし、俺にも信用があったからね」

長きに亘りヤクザ業界で生きてきたことが〝顔〟だけで商売できる礎になった。

野原は三〇人の仲買人を抱え、仲買人はひとり当たり一本から二本を仕入れ、さらにその下の仲買人が一〇から二〇グラムずつ仕入れ、末端の密売人の手に渡る。

「一グラムや二グラムの卸は俺も下もやらないですよ。やはり最低一〇グラムぐらいからでしょう。少量になると関わる人間が多くなり、ひいては摘発のリスクが高まりますから」

たいした戦略とは思えないが、なるべく間に多くの人間を噛ませないことが捜査の目を欺くには効果的だという。

「ま、事実、若い衆も、また仲買人にも、密売で捕まった人間はいなかったからね」

さすがに末端までは窺い知れないが、城島ルートの卸先から挙げられたことなど皆無だったという。

「仮に客（別組織の売人）が捕まったとしてもウチには来ないいんですよ。実家（組織）が違っても友達だから」

大半の客は一般人。なかでも多いのは銀座のクラブ・ホステスだ。

売人の世界であっても、昔は「主婦や子どもには売るな」という暗黙の不文律があったと和久井は言っていた。

「俺の時代はそんなのなかった。カネさえ払ってくれればどこの誰に売ろうが関係ない。払ってくれなきゃ拐っちゃうだけ」

警視庁は、野原がシャブを大量に扱っていたことを、彼が密売をヤメるまで知らなかったという。後に馴染みの警部に過去の悪事を話すと、「お前、そんなにやってたのか！」と驚かれたそうだ。

野原の密売は、一度も摘発されることなく七年もの間、続いた。そこで改めて疑問に思うのは、なぜ一度も摘発の憂き目にあわなかったのか、ということだ。シャブ屋としてそれほど有名ではなかった当初は、警察としても寝耳に水だったことがなんとなくだが理解できる。が、半年あまりで四〇〇キロを捌き、それを七年間も続ければ、嫌でも噂を耳にするはず。中毒者を増やすばかりか、得たカネがヤクザの資金源になり組織が拡大するなんぞ、許してはおけない存在だ。

「それは腕がいいからですよ。買う方も馴染みのヤクザだから密告しないじゃないですか」

つまりは腕利きで結束が固い。腕についてはいざ知らず、密告するなど卸先のヤクザたちにとっても良い結果をもたらすことではないのは確かだ。

それでも取引でのいざこざはなかったのか。

「日本じゃないけど、向こう（フィリピン）で挙げられてマリファナを全部、没収されたことがありましたね」

結果、フィリピン警察に大金を払い、大麻を返してもらうことでことなきを得たが、九州の総元締めの男が「カネを作るのが大変だった」と溢したことを覚えているという。

大きなトラブルはこの一度だけ。覚醒剤については皆無だった。

野原は我が世の春を謳歌した。自宅の金庫には常に六億円の札束があった。

「銀座・赤坂・六本木で湯水のように使って、車はジャガーにベンツ、時計も四五〇万のロレックス・テンポイントダイヤ。もう、贅の限りを尽くしました」

それでも手元の六億は減らなかったという。それほどまでにシャブの密売は儲かったのだ。

が、絶頂期は突如として終わりを告げる。二〇〇〇年、野原五七歳のことだ。

「シナモノがなくなったから。どういうわけか九州から入って来なくなったんです」

フィリピンで挙げられたか、はたまた国に潰されたか。唯一の大麻での大きなトラブルからすれば、仮に捕まってもカネさえ払えばシナモノは返ってくるはず。前例からすればカネで解決できるところ、なぜかこのときはそうはならなかった。

「だから、やっぱり国に潰されて覚醒剤を造れなくなったんじゃないですか。そう思いますよ、俺は」

シャブの供給がストップしたことが決め手となった。虎の子のシノギを失った野原は、残る大麻の密売をしながら別ルートで覚醒剤を仕入れることを模索する。なーに、そのうち見つかることだろう。しかし――。

「当時、所属していた組織内で、上部団体と下部団体とが権力闘争をしていたんですよ。結果、上部団体・会長が、本部組事務所内で短銃で腹部を撃たれ重傷を負った。俺はこの事件で捜査され、手元にあった五〇〇キロのマリファナを城島に預けて長い懲役に行ったんです。それは上が勤めに行くしかないでしょう、たとえ若い衆が弾いたとしても」

## イラン人の密売グループ

野原が跋扈した第三次覚醒剤禍では、若年層や一般の主婦の乱用者が目立った。警察庁の資料によると、初めて覚醒剤事犯で検挙された者の占める割合が全検挙人員の約半数を占めるに至ったという。

その背景について捜査関係者に訊くと、ヤクザに加え、新たに「イラン人の薬物密売組織が街頭で相手を選ばず無差別に密売を行った」と、シャブを容易に入手できるようになったことを挙げた。主にヤクザのシノギであったシャブが、イラン人の密売グループが登場し、当初は都内の繁華街を拠点にしていたが、取締りが強化されると捜査員の目を欺くため次第に住宅街に移すなどしたことから、裾野が格段に広がったのである。

同時期にナイジェリア人密売グループも出現したが、大麻の密輸以外に目立った動きは見られなかったという。また、イスラエル人やコロンビア人の売人も散見されたが、単独での密売に留まり、組織化までには至らなかった。

イラン人だけが突出していたのはなぜか。理由はビザなし渡航の相互免除協定である。太平洋戦争時の一九四二年に日本との国交を断絶したイランが再び国交を樹立したのは、サンフランシスコ平和条約が調印された後の一九五三年のことだ。

以降、両国の関係は極めて良好なもので、サウジアラビアとアラブ首長国連邦に次ぐ三番目に重要な石油供給国である。石油の輸出入で経済関係が深まっただけでなく、一九七四年、日本とイランはビザ免除の観光協定に調印し、両国の国民はビザなしでお互い自由に観光訪問をすることが可能になる。

このビザ免除の観光協定は、観光目的で入国したにも関わらず不法滞在する在日イラン人の増加を理由に停止される、一九九二年まで続いた。

一九八八年にイラン・イラク戦争が休戦になると、不景気による就職難から、多くの若者が出稼ぎ先として日本を目指した。不法滞在する在日イラン人が増加し、イラン人の密売グループが頭角を現したのは、ビザ免除の観光協定が停止される前夜、一九九二年ごろのことである。既にバブルは崩壊し、景気が低迷してマトモな仕事から追われると、一部のイラン人がヤクザの手先になり裏の商売を始めた。

ヤクザとイラン人の蜜月関係の始まりは、ヤクザが用意した偽造のテレホンカードを、彼らが路上販売することだった。付き合いのあるヤクザが、「偽造テレカの裏仕事が呼び水となり出身地別に、各地で小さなイラン人コミュニティが出来上がった」と教えてくれた。

ドラッグ事情に詳しい作家の石丸元章《いしまるげんしょう》は言う。

「酒を飲まないイラン人が、本国ではカルチャーとして根付いていたハシシ（大麻樹脂製品）を来日ついでに密輸しましてね。それがイラン人麻薬密売グループの始まりなんです」

そう、イランの麻薬密売グループが日本に、組織として乗り込んできたわけではない。別々に来日したイラン人が、自分たちの嗜好品としてハシシを嗜んでいたに過ぎなかった。あくまで内輪の話だ。

コミュニティは、当初は名古屋と大阪が中心であった。次第に関東のイラン人にも波及し、東京では上野や新宿で、同郷のイラン人相手にハシシを売り、ときには偽造テレカを求める日本人客に密売するようになった。

そこに、またもや日本のヤクザが目をつけた。「お前ら覚醒剤はやらないのか。日本ではハシシよりシャブの方が商売になるぞ」と。

前出の石丸元章が、自身の体験で偽造テレカから麻薬へと移行した経緯について続ける。

「これまでヤクザが専門に扱っている商品だった覚醒剤を、イラン人も扱うようになったんです。後に日本国籍を持ったイラン人のなかには、ヤクザと盃を交わしたものもいる。こうして徐々に組織化されていったんだと思います」

自らも捜査にあたったベテラン捜査関係者が補足する。

「名古屋の中心街にある公園・セントラルパークには、一九九六年ごろから約一〇グループ、計五〇人ほどのイラン人がたむろし、昼夜関係なく公然と、夜の店の客引きのごとく『クスリあるよ』と声掛けしていた。後に東京・渋谷のセンター街でも約一〇グループ、計七〇人ほどが我が物顔で密売していました」

ヤクザが覚醒剤を用意し、イラン人が捌く。不法滞在ゆえに正業に就けず、偽造テレカで糊口をしのぐしかなかったイラン人にとっては願ってもない話だったに違いない。ヤクザとイラン人密売グループの利害は、自然と一致した。

「イラン人密売グループは都内、横浜、名古屋、大阪など、全国の至る所に存在し、横の繋がりはあっても、あくまで互いに独立した組織。通常、ボスを含めて三から七人のメンバーで構成されています。

活動期間は長くて三年ほどで、荒稼ぎした後は顧客の電話番号の入った携帯電話を新たなボスに売却し、みなさっさと帰国してしまう、と」

これは、不良外国集団の一味に加わり、日本人女プッシャーとしてならしたリカコ（仮名、二八歳、当時）が語った、イラン人薬物密売グループの内情である。友人の編集者、宇野涼平（仮名）がリカコに都内某所で話を聞いたのは、二〇〇六年のことだった。

「一八歳。地元・横浜でキャバ嬢をしていた彼女は、『痩せ薬だよ』と友人に勧められて覚醒剤の味を覚え、その魔力に溺れた。

やがて横浜駅前でたむろしていたイラン人から自力でシャブを買うようになるうちに、ヤザニという横浜・町田周辺を縄張りとするグループのボスの男と、ヤザニの一目惚れで個人的に親しくなり、後に密売グループの主要メンバーになった」

携帯電話は安くて五〇〇万円、高くて三〇〇〇万円で売買され、その額は、二ヵ月分のクスリの売り上げを目安に決めるという。

「それほどクスリの密売は儲かる、と。出会って二年後にヤザニもイランに帰るが、そのとき、二億は稼いだと豪語していたらしいから」

実際に現ナマを見たわけではない。が、リカコはジャパニーズドリームを目の当たりしたという。ヤザニの誘いで単身イランへ出かけたときだ。

「運転手付きの黒塗りリムジンで空港まで出迎えてくれたヤザニは、彼女をプール付きの大豪邸に連れて行き、そこで一〇人の親戚を紹介した。聞けば彼らは、ヤザニの出資で事業を起こした、と。来日するまでは単なるチンピラだったヤザニ自身も、いまではタクシー会社やレストランを経営する大富豪に。彼らが危険を顧みず、はるばる異国で覚醒剤を売り捌く意味がよく分かりました」

リカコは、ヤザニの帰国を機に水商売を辞め、ヤザニの縄張りを引き継いだボスの下で密売グループの正式メンバーになった。

メンバーにはそれぞれ役割が決められている。ネタの仕入れやパケ作りはボスが、他にはブツを保管用のアパートに運ぶ役、客から電話注文を受ける役。

リカコに与えられた仕事はブツの受け渡し。保管所に待機し、客から注文に応じてブツを持って取引現場へと出向く。

昼から夜中まで電話注文を受ける男から引っ切りなしに連絡が入り、ある日はガソリンスタンドの裏にパケ二つ、お次は住宅街の自販機にパケ三つを届けた。日に何十回も取引現場へと足を運ぶ。休む暇もない。職質の一つに出くわしても何ら不思議はない。

「彼女がイラン人だったら職質など日常ごとだろう。でも日本人で、しかも若いオンナだから、暗い路地をうろついていても全く怪しまれなかったそう」

ロングヘアーに濃い目のギャル系メイク。細身のカラダを流行りの綺麗目なファストファッションで固めていたという彼女が、よもやイラン人密売グループの主要メンバーとは誰も気づくまい。

「まあ、そうだろうね。同胞意識の強いイラン人が、日本人を仲間にしたなんて、後にも先にも彼女だけらしいから」

前出のベテラン捜査関係者は、「国外にいる大ボスを含めた密売組織が客付き携帯電話を購入し、国内にいる中ボスである中間売人に携帯電話機を持たせて受付をさせ、末端売人に指示し配達をさせる」と、その内情を詳しく語る。

「やはりリスクがあり、捕まれば終わりなので、儲けたら客付き携帯を数千万で売って南の島に移住したり、それを元手に中古車屋を始めたり。末端の売人と、客付きケータイを持つ注文を受ける中ボスは別なので、仮に売人が捕まっても、客付きケータイは生きる。

売人はリスクがあるので、カネが貯まる三ヵ月から半年ほどで足を洗い、また新たなイラン人が末端の売人になる。

客付きケータイを持つ注文役が捕まらずに一年やれば、顧客は増え、そのケータイの価値も上がり高値で売れる。仮に三〇〇人の顧客がいて、一日に五人から電話が鳴るのであれば、『六ヵ月続ければ四〇〇〇万円以上は貯まる』などと、それ相応の値段をつけて転売する」

客付き携帯を管理するのみではリスクは少なく、儲かるアイテムなので、すぐには手放さない。転売が目的ではなく結果、高値で取引されるのだ。ベテラン捜査関係者は続ける。

「一番リスクがあるのは末端の売人です。彼らも知恵をつけているので、カネが貯まったらすぐに辞めるし、また売人から電話を買って注文を受ける役へ、注文を受ける役から空いた中ボスの座へとステップアップしたりする。電話を受けるだけなら違法じゃないし、当時の捜査であったのは、売人も注文を受ける役のことは知らないし、注文を受ける役も暴力団のごとくボスの存在は知らぬ存ぜぬです。

シャブは、中ボスの指示により運搬役がアジトに届ける。売り上げ金は中ボスが回収し、国外の大ボスに送金する。みんな、安全で儲かる大ボスの位置を目指していました」

## オウムが密造した覚醒剤

イラン人麻薬密売グループが台頭した一九九二年ごろと、ほぼ同時期にオウム・ネタと称されるシャブが日本を席巻した。

オウム・ネタ。後に世紀の同時多発テロ「地下鉄サリン事件」を起こしたオウム真理教が国内で密造したとされる、純国産の覚醒剤である。

警察白書によれば、オウムは一九九三年暮れから一九九四年にかけ、偽名を用いて、都内の薬品会社からLSDの主原料である酒石酸エルゴタミンを購入したが、国内での大量入手が困難であったため、ロシアから入手することを企て、数キログラムを購入した。その他の薬物原材料は、教団が信者に設立させたダミー会社を通じるなどの方法により購入していたという。

その後、教団は、一九九四年五月ごろから、教団施設内において、LSDの製造を開始した。覚醒剤については、覚醒剤原料として規制されているエフェドリンを原料とする方法とは異なる特殊な製造方法を検討した上、同年六月ごろから製造に着手した。その他、幻覚作用を有するメスカリン、PCP（フェンシクリジン）や麻酔剤のチオペンタールナトリウムも製造したが、その後の捜索においては、LSD合計約一一五グラム、覚醒剤合計約二二七グラム、メスカリン合計約三キログラム、PCP合計約七・八六グラム、チオペンタールナトリウム合計約一・七キログラムがそれぞれ教団施設内で押収されたと伝えている。

オウム・ネタを主に捌いたのも、ヤクザではなくイラン人プッシャーたちだったらしい。前出の石丸元章は、このオウム・ネタも経験済みだった。

「イラン人からオウム製との触れ込みのシャブを買ったことがあります。白い結晶の、一般的なシャブと変わらないものもあれば、黄色くてベトっとしたものもありました」

黄色がかったオウム製のシャブは、ガーと火を噴くように熱くなるが、すぐに覚めることから、東宝の特撮映画に出てくる怪獣になぞらえ〝ゴジラ〟や〝ガメラ〟と呼ばれた。

「炙ると、期待する効果が得られずガッカリしたことを覚えています。未完成とも思える粗悪品？　そんな印象ですね」

当時は品不足で、「あれでも売れたんだ」とは、某ヤクザの弁。石丸元章はこう回顧する。

「いまはネットやSNSで簡単に買える時代だと言われていますが、それよりずっと買いやすい時代でした。なにせ町中にイラン人が立っていて、ほぼ全員が売人だったわけですから。新宿駅構内を例にすれば、キヨスクの店員よりも売人の方が多かったわけですから。駅内なら警察も入ってこないから、と。

ちょうどオウム・ネタが出回っていたころ、『品薄だから高いよ』と言われた時期があったことは、確かです。一グラム一万円が四万円まで跳ね上がったことを覚えています」

オウムがシャブを密造していたことは事実だ。だが、果たして本当に密売にまで手を染めていたのだろうか。

知り合いにオウムとヤクザの関係について詳しいヤクザがいる、と教えてくれたのは、ネタ元のヤクザだった。コンタクトが取れたのは、やはりヤクザで初老の組織幹部の男だった。

「一九九二年？　いや、違う。関係はもっと前からだ。富士の上九一色村《かみくいしきむら》にオウムが巨大施設を造ったころだから、一九八八年にはヤクザと話がついていた。それで後藤組がオウムからカネを取ったんだから。守り賃として麻原が一〇億ぐらい払ったって話だ。

俺がシャブを買い付けしていたところ、その翌年ごろからオウム製の粗悪なシャブが出回っていた。業界では『オウムのネタはダメだ』と、みなが口を揃えていたよ」

ネタ元の後藤組関係者に裏取りすると、時期は不明瞭で、また一〇億円のみかじめ料についても「知らない」としたが、静岡県富士宮市に本部を置いていた後藤組は、その地理的理由から自然とオウムに接触することになり、「警察対策として組員たちが上九一色村の警護に当たっていた」という。カネの話は別として、オウムとの関係は教団幹部の村井秀夫刺殺事件で名前が挙がった羽根組が有名だが、確かに後藤組も秘密裏に関係を結んでいたようだ。

初老のヤクザ組織幹部が続ける。

「羽根組はね、後藤組とは別に付き合いのあるオウム信者がいた。それで村井の殺害を頼んだ。だから覚醒剤の密売とは関係ない。オウムのシャブは主に後藤組が捌いていた。もちろん商品がダメで悪評だらけだったよ。でも、品薄のときはそんな商品でも流通しちゃうんだ。オウム以外のシャブは、一番高い時で一キロの仕入れ値が三〇〇〇万まで跳ね上がったんだから」

さて、日本のシャブの価格は高騰し、客は苦虫を噛み潰す思いで大枚を叩く。初老のヤクザ組織幹部はその裏事情も話してくれた。

「オウムのシャブが大量に入ってきたことで、逆に在庫が溢れたんだ。つまり粗悪なブツを捌くため、質の良いブツの値段を上げて出し惜しみして市場をコントロールした」

和久井が当時の状況について補足する。

「九州ルートが（覚醒剤の卸しを）自粛し始めていた時期だった。捜査機関の動きを察知し、危ないと思えば、ピタッと一定期間だけシナモノを止めることがあるんだ」

シャブは需要に応じて外国から密輸しているのではなく、すでに国内に相当量の在庫がストックされている。たとえ一トン挙げられたとしても、慌てて密輸するほど枯渇していない。どの組織が、どれほど保有しているかは窺い知れないが、捜査をしていても、元締めが取りに来ないこともあれば、税関で通関がかからず、忘れた頃に通関がかかって中身を開けたら、シャブが入っていたこともあるくらいだ。何らかの事情で触らなかったのか、買手が決まったから動かしたのかはわからないが――捜査関係者は「肌感覚ですが」と前置きしたうえで理屈を語った。

未熟なオウム・ネタは、上九一色村などの施設の他、車の荷台を工場に改造し、生成時に出る悪臭を放つ猛毒ガスを撹拌させるため高速道路を走りながら密造されたという。拳銃の試し打ちの際にも、その消音効果を期待して高速道路が選ばれると聞いたことがある。

高速道路の走行中なら悪臭対策になるだろう。初老のヤクザ幹部は続ける。

「コスモクリーナーが設置された、松本サリン事件のときに話題になったトラックがあったでしょう。あの車の中で、高速道路でパッパ、パッパとガスを出しながらやってたんだって。だけどシャブの密造は、車の移動中や船上など、土台が揺れる場では難しいんだよ。振動を与えちゃダメなんだ」

既に国立精神・神経医療研究センターの船田正彦室長の解説を記したように、事実、シャブの生成時にはこの猛毒ガスがつきもので、山中で造れば周りの木がみんな枯れる。熟練の取締官は、その光景を頼りに捜査をする。「だから密造場所に洋上や高速道路が選ばれやすい」という。

そのまま鵜呑みにはできないが、確かにオウムには青山の本部道場で異臭騒ぎがあったり、上九一色村で異臭と草木が枯れる騒ぎがあった。

「亀有だってそうだよ。ガスをドブに流してさ。猛毒で、生き物は死んじゃうけど、匂いは多少軽減されるから。

結局、マトモな商品は最後まで出来なかった。一回もね。もちろん真剣に造ってたと思うよ。でも、一介の科学者に過ぎないから、机上の計算はできても技術がない。化学方程式を熟知していて、外見はそれらしきものができたが、肝心の味は全くダメ。住民からの苦情により、場所を変え密造したが結局、最後まで純度の高いシャブは造れなかった。

車中での密造は、上九一色村での異臭騒ぎで住民にマークされるようになってから。これなら大丈夫だろうとやったみたいだよ」

和久井によれば、過去にもオウムのごとく国内での製造を試みたヤクザ組織があったらしい。

「舞台はマンションの一室だったり、廃工場だったり。中古の大型漁船を買って密造した組織もあった。悪臭対策として、大型漁船で沖へ出て洋上でシャブを造ったんだ。もちろんその人間も知っている。某有力組織の二次団体の大幹部だ。彼は山の中でも製造していた。が、結局はダメになった。彼は脇が甘すぎるんだ。山の中で造って一度、逮捕されている。それで懲役を食らっている。

出所後、俺はこう忠告した。警視庁は行動確認を徹底している。出所して三ヵ月後、対象者が油断した頃に行動確認で張り付く。大物は必ず行確される。アンタは大物なんだから絶対に現場には行くな。もちろん品物の置き場にも行くなよ、と。

でも彼は、俺の助言を甘く見積もったんだな。そしたら、マンマと行確でやられちゃった。こうして国内製造の拠点は潰されていったんだ」

そして、和久井からもオウム・ネタについての詳細が語られた。

和久井は「当事者から聞いた話だ」として、こう証言した。

「オウムは原料を北朝鮮とロシアから仕入れ、覚醒剤を造っていた。両政府は原料を流す代わりに、日本の情報機関の一つとしてオウムをうまく利用していた。オウムを通じて工作員を入れ、日本全国にネットワークを作ろうとしていた時期もあった。それには財源が必要だろ。だから製造方法から材料まで、全て提供したんだ。

山口組の田岡一雄さんが松田組と抗争になったのは、知ってるよな。その際、警察が松田組側について守ったから、田岡一雄さんの身の回りの世話をしていた中西さんの若い衆が拳銃を持って、警官が二〇人ほど警戒している前で松田組事務所の塀の中へ銃弾をぶち込んだ。

その若い衆を田岡一雄さんが気に入り、出所後に三重県にシマを与え異例で直参に取り立てた。当初はひとり組長だったが、直ぐにいろんな人間が集まった。なかにはオウム信者も少ないながらいた、ということ。それがオウム事件で名前が上がった羽根組の始まりだ」

こうして羽根組もオウムのシャブを捌くようになったという。

「オウム・ネタと言ってな、シャブの色が違うんだ。またの名を〝赤ネタ〟と呼び、赤みがかった黄色い色付きのネタなんだ。そして粗悪だった。オウムの一番の収入源だったんじゃないかな」

初老の元ヤクザ幹部は後藤組が、和久井は羽根組が暗躍したと、全く別の証言をした。それを前出の後藤組関係者に確認すると、「関西方面は別の組織が捌いていたと聞いたことがある」という。つまり関東は後藤組が、関西は羽根組が捌いていたということなのだろうか。

ところが、さらに取材を進めると、「後藤組は覚醒剤はご法度のはず。羽根組もオウムのシャブなんて捌いてない」と断言する男が現れた。

後藤組がシャブをご法度にしていたことは和久井からも聞いていた。にしても羽根組まで関係ないとはどういうことか。

教団幹部の村井秀夫刺殺事件の実行犯・徐裕行《ソユヘン》の兄貴分と三二年前から交流がある、元ヤクザは証言した。

「オウムが直に売っていたのが真相だ。当時、東京・六本木交差点付近にオウムが経営するとして有名な薬局があり、その薬局を隠れ蓑にして、裏でシャブを。オウムの薬局でシャブが売られているのは、六本木界隈を根城にする組織の、一部の人間たちには有名な話だった。『品質が良い』との評判が流れ、シャブ中のヤクザたちがこぞって買いに行っていたことを覚えている。仕入れじゃなく、個人使用のためだ。

モノは良かったよ。薄いピンク色で。しかもオウムは頭がいい連中がいっぱいいただろ。だから、シャブとセットで『覚醒剤反応が出ない』との触れ込みの点滴も売っていた。タバコ一箱の半分ほどの大きさの点滴で、値段は三万円。当時の売人が扱っていたシャブはワンパケに一グラムも入っていないなか、オウムはキッチリ一グラム入って二万円だった。

もっとも、シャブの反応をでなくさせるその点滴は別にオウムが発明したわけではなく、元から子どもの誤飲時の処置などで産婦人科医が救急処置として使っていたもの。大田区にヤクザ御用達の産婦人科があり、こちらは注射だが一回一〇万円で闇で打っていた。

ただし、大塚界隈の売人は一時期、その薄いピンクのシャブを扱っていた。どこから仕入れたかまでは知らないよ」

シャブの反応をでなくさせる点滴について、薬剤師の免許も持つマトリ関係者に確認すると、「そんなものはない」と否定した。おそらくたくさんオシッコを出させて、シャブを体内から排出させるようにと、尿量を増やし、体のなかの余分な水分や塩分を減らす作用がある利尿剤を売っていたのだろう。利尿剤は産後、浮腫（皮膚の下部に水がたまった状態）を取るために妊婦に処方される薬だ。これなら男の証言と合致する。

そして直営薬局で売られていたという、良質な薄いピンク色のシャブ。では、オウム・ネタとの触れ込みで出回っていた粗悪なシャブは何だったのか。

前出の元ヤクザは言う。

「それはただ熱くなるだけのゴジラとか呼ばれてたやつだろ、ただ熱くなるだけで効かない。俺もやったことある。打った瞬間に身体が熱くなる。ただそれだけ。

それはオウムのヤツじゃないよ。未完成品？　いやいや、俺だけでなく周りの人間もみんな実際にその薬局で買ったヤツからもらって試したんだから間違いない。

だからオウムのシャブが粗悪で、ゴジラだガメラだと揶揄されているのは全くの嘘だから。みんな知らないからオウムのネタがゴジラだガメラだと言っているだけで。

どこの、誰が造ったかは知らないが、シャブがどこからも入らなくなり品不足になり、全く別ルートから市場に出回ったヤツだ。恐らくどこかの組織が急ごしらえしたんだろう」

男によれば、六本木の直営薬局や大塚の売人が扱っていただけ。つまり一部の人間だけしか〝本物〟を知らないことになる。

三者三様ではあるが、ゼニカネの問題ではなく、その信頼関係からこうして細部にわたり証言してくれたのだ。誰の証言も信じたいところだが、僕には全てが真実とも、嘘とも言えない。ともかく、何らかの事情でシャブが市場から枯渇したこの時期、オウム・ネタと称されるシャブが出回り、ヤクザが仕入れ、イラン人プッシャーらが密売したのは事実だ。

それは思いのほか不評で、カネのある者は良質なシャブを求めた。確かにオウム・ネタは売れたが、それでも客足が鈍ったらしい。

壊れかけた市場は、自然と戻った。

## 新たなキーワード

隆盛を誇ったイラン人による密売は、捜査機関による懸命な取締りにより二〇一〇年、ほぼ鎮静化した。かつてのように繁華街でプッシャーがのさばるどころか、イラン人の姿を見ることさえ皆無に等しくなった。
むろん、彼らが一掃されたわけではない。以下に近年の摘発事例を示す。

**◆覚醒剤所持容疑でイラン人の男ら四人逮捕　製造も関与か**

愛知県警と東海北陸厚生局麻薬取締部は30日、イラン国籍の自称格闘家、カルバシ・バンダレイエ・アリレザ容疑者（37）＝名古屋市港区神宮寺一丁目＝ら男4人を覚醒剤取締法違反（所持）の疑いで逮捕し、発表した。県警は、4人が覚醒剤の密売グループの一員で、製造にも関わっていたとみて調べている。

県警国際捜査課によると、4人は共謀して30日午前10時20分ごろ、アリレザ容疑者らが住むアパートで、微量の覚醒剤を所持した疑いがある。室内にあった鍋の内側に覚醒剤の結晶が付着していたという。

（「朝日新聞」二〇一九年一二月一日）

**◆覚醒剤一・八キロ所持疑い　イラン人の男逮捕、愛知**

覚醒剤約一・八キロ（末端価格約一億一千五百万円相当）を所持していたとして、愛知県警は一日までに、覚せい剤取締法違反（営利目的所持）の疑いで、イラン国籍の名古屋市中川区十一番町七の無職、サタリ・ゴラムレザ容疑者（43）を現行犯逮捕した。県警によると、覚醒剤は五〇〇グラムや一〇〇グラムなど一八袋に分けて車のトランクに入れていた。一袋当たりの量が多いため、小売り用ではなく、密売組織の一員として取引するために所持していたとみて詳しく調べている。逮捕容疑は一月三〇日午前〇時五〇分ごろ、同市熱田区のコインパーキングに止めた乗用車に、営利目的で覚醒剤を隠し持っていた疑い。

（「中日新聞」二〇一八年二月一日）

**◆覚醒剤六キロ密輸の疑い　名古屋の二人**

覚醒剤約六・一キロ（末端価格三億六千九百万円相当）を密輸したとして、愛知県警薬物銃器対策課などは二十六日、覚醒剤取締法違反（営利目的輸入）の疑いで、イラン国籍で名古屋市中区丸の内一、無職モハマッド・ネジャド・ファッロク（55）と同市港区惟信町三、左官工根本浩二（43）の両容疑者を逮捕、送検したと発表した。名古屋税関は同日、関税法違反容疑で名古屋地検に告発した。

逮捕容疑では、二人は他の者と共謀して、営利目的で三月十日、トルコから航空貨物で覚醒剤を密輸したとされる。県警は二人の認否を明らかにしていない。

（「中日新聞」二〇二一年四月二七日）

これらの報道からは、その摘発件数こそピークアウトしたが、イラン人麻薬密売グループは発祥地とされる名古屋を中心に未だ存在し、密売を続けているばかりか、密輸や製造にまで手を伸ばしていることがわかる。前出の捜査関係者は、かつてと違い「イラン人の密輸ルートでヤクザが仕入れることもある」と続ける。

「イラン国内で覚醒剤の密造技術が進歩すると、タイにルートがあった有名なイラン人麻薬密売グループのボスが、タイを経由してイラン産の覚醒剤を日本へ密輸したり、タイ産の覚醒剤を密輸したりして、日本のヤクザに卸していることがわかっています。

原料がキモなんです。原料さえ規制すれば造れないわけで。いま原料統制をいろんな国でやっていますが、規制がなく、登録なく買えるとか、原料が手に入りやすい国が原産国になりやすい。

実は世界中の捜査機関がタイに注視しています。シャブに限らず、いろんな麻薬や犯罪の中継地点がタイであることは間違いありません」

よもや〝微笑みの国〟があらゆる犯罪のハブとして機能していようとは。僕のなかで、キーワード〝タイ〟が燻り続けていた。

# 第五章　◉　進化する捜査との戦い　【タイルート】

「和久井さんは九州の組織はタイに自前の覚醒剤密造工場を持っていると言っていました。捜査関係者からもタイ産の覚醒剤が日本へ密輸されていると聞いています。九州の組織から卸してもらっていた野原さんのシャブは、まさにタイから密輸されたものだと思っていたら、曰くフィリピンだと」

野原の取材を終えた僕は、またいつもの喫茶店で和久井に相談を含めて報告した。こうして会談を続けていたのである。和久井は意味深に笑みを浮かべ、言った。

「そうか。まあ野原にも言えないことがあるだろうからな」

「言えないこと?」

「そうだ。敢えて言わなかったのかもしれないし、本当にフィリピンだと思い込んでいたのかもしれないな」

確かにフィリピンルートに詳しい和久井が事情を知らないはずがないと思った。

「なら松本に訊いてみたらいい」

松本なる人物については初耳だ。そのことを正直に伝えると、和久井は、九州の組織とは別に、独自にタイルートを開拓した男だと語った。

「タイルートの大枠は彼から聞いて知っている。でも、アンタも直接訊いて確かめたいだろ？」

「はい。タイは、シャブに限らずいろんな麻薬や犯罪の中継地点で、世界中の捜査機関がタイに注視していると捜査関係者が言っていましたし」

さて、タイの覚醒剤事情を探るのと同時に、松本なる人物を探す旅が始まった。

タイでは「ヤーバー」と呼ばれる麻薬が蔓延している。メタンフェタミンにカフェインを混ぜて直径五ミリ程度の錠剤にしたタイ版の覚醒剤だ。

もちろんタイでも違法である。一九七九年に違法薬物に指定され、製造者や運び屋に対しては死刑や終身刑など重い罰が、使用者に対しても六ヵ月から三年の刑が科される。

それでも二〇一八年の押収量は五億錠を超えた。一錠あたり二五〇バーツ、日本円にして一〇〇〇円弱程度で小売される、若者たちを中心に人気のドラッグなのである。

一方、舌の肥えた日本人向けに混じりっけのない覚醒剤も密造されている。

覚醒剤が日本に密輸される理由は、タイで造った一グラム三五〇〇円程度の白い粉が、ただ海を渡るだけで一グラム五万円以上の〝黄金の粉〟に化けるからだ。それゆえ密輸を企て摘発されることも少なくない。

近年の大規模密輸事件としては、タイから日本に送られる瀬戸際で摘発された事例が記憶に新しいことだろう。一七〇キロ。日本での末端価格にして約八五億の大捕物だ。

以下はその記事である。

**◆タイ警察が覚醒剤一七〇キロ超を押収　日本に密輸用か**

タイ警察は14日、日本に密輸されようとしていた疑いがある覚醒剤170キロ超を押収したと発表した。当局は密輸ルートの解明に向けて捜査を進めている。

当局によると、バンコク近郊の空港で日本向けの航空貨物に不審な点があったため調べたところ、健康器具が収められた箱の中から36キロの覚醒剤を発見。発送者が借りていた倉庫を捜索し、さらに10個の健康器具の箱から計140キロの覚醒剤を見つけたという。警察はタイ人の男（44）を逮捕したが、関与を否定しているという。

（「朝日新聞」二〇一九年一一月一四日）

いたちごっことでも言うべきか、以降は個人が観光ツアーに乗じて「運び屋」となり、覚醒剤を手荷物のなかに隠し持って航空機で日本に入国しようとして逮捕されるケースが相次いでいた。警察庁によると、二〇一九年に検挙した覚醒剤の密輸事件は過去最多となる二七三件。このうち航空機を使ったケースが一八九件にのぼり、タイからの密輸が四九件と最多なのである。

捜査関係者によれば、運び屋はタイ人の女性が多く、日本での観光ツアーに参加できたことに加え、「一回で一〇万円程度の報酬が呼び水になっていた」という。昨今に大流行している金塊密輸と同じく、実際の観光ツアーに複数人で応募し、同時期に分散して密輸を行う「ショットガン方式」の手口が使われたのだ。タダで海外旅行ができて、そのうえお小遣いまでもらえるとあれば、リスクのことなど深く考えずに手を染めてしまうのだろう。

「密輸は一度失敗したら終わりの世界だよ。なにせ無期懲役なんだから。それでも外国人ブローカーからそそのかされてやるヤツはいる。だから断続的に挙げられるんだ。

よく密輸についての相談をされるけど、俺は絶対にヤメておけとアドバイスする。儲けは少なくなるが、やるなら日本に上がってきて落ち着いたシナモノだけにしておけ、と」

関東某所のファミレスで、向かいに座る男が日に焼けた顔をほころばせた。信頼を置くヤクザ関係者の男の口利きでコンタクトに成功し、電話での取材交渉の末、やっとのことで対面することができたのは二〇一九年一二月、和久井から手掛りを得てから実に一ヵ月が過ぎていた。

ふと窓の外を見ると、男とファミレスの入り口まで帯同して別れた初老の男が駐車場に停車してある高級車に乗り込み待機する姿があった。彼の運転手なのだろう。その大物ぶりが窺える。

「八年弱の間に数百キロは入れたかな。やめたのは六年前。シャブを買うのに元手もかかれば、失敗すれば全てオジャン。さらに捕まった人間はもちろん、その家族の面倒まで見なきゃいけないんだから。もうやる価値はないよ」

足を洗った理由は、やはり取締りが厳しくなったからだ。摘発のリスクは相当なもので、ひとたび失敗すれば無期懲役の憂き目を見る。

無期懲役。二〇年弱で刑期を終えられることもあるが、大半は三〇年を経過してからしか仮釈放されない、死刑の次に重い刑である。密輸は、それほどまでに一か八かのシノギだという。

前述の通りタイからの密輸は、健康器具や仏像内に潜ませて航空貨物として運ばれる手口と、手荷物内や体内に忍ばせて持ち込まれる手口とに分かれる。裏では日本のヤクザが暗躍することは言うまでもない。

男の名は松本賢治（仮名）。素性を秘すため年齢さえも控えるが、密輸の黒幕として動き、和久井が独自にタイルートを開拓した男として名前を挙げたヤクザ組織の幹部である。

## 松本との接触

「タイのことで、何が聞きたいの？　始めたのは、かれこれもう一四年ほど前。それまでタイルートは、あるにはあったが、日本に直で密輸する人間はいなかった。つまり俺が初めてなの。

フィリピンはシナモノが良くないんだよ。そしてね、同じ東南アジアのタイもフィリピン製と似たような出来栄えだった。気温が暖かい地域はシャブの製造には向かない。どちらかと言えば寒い地域の方が良いシナモノが出来る。だから中国や北朝鮮のシャブが好まれる。

タイは一五年以上前、二〇〇〇年初頭には自前の工場を設えて製造するようになった。製造方法を中国から教えてもらってね。原料は、麻黄ではなくエフェドリン。麻黄はモンゴルが原産。麻黄から覚醒剤を生成するなんて原始的なことをしている人はもう、誰もいないよ。もちろん純度は麻黄からの方が高いんだけどね。

一九九〇年代中頃にモンゴルに行ったとき、麻黄が生い茂っている光景を見たことがある。その際、現地の人間から『これが（覚醒剤の）原料だから』と説明されたことを覚えている。だけど、手間はかかるし生成も難しい。そのとき、原料の麻黄は豊富にあるから『こっち（モンゴル）で造ったらどうか』という話もあった。でも『麻黄から生成できる技師がいない』と断ったよ。だから原料のエフェドリンを輸入して、それを炊き上げて生成するの」

松本はドリンクバーで注いだアイスコーヒーに少しだけ口をつけた後、黒目を左右に振り周囲を警戒しながらも笑顔で語り出した。共通の知人からの紹介であることから、なるべくならあけすけに話してあげたいという空気が伝わる。

彼は、タイからの覚醒剤密輸を始めたきっかけについて、こう話した。

「ある仕事でタイに頻繁に行くなか、現地で日本語が堪能なタイ人女性のガイドと知り合った。オンナと親しくなり、しばらくして恋人関係になるなか偶然、その子の友達が覚醒剤専門のマフィアのボスだった。

もちろん当初は仕事の話じゃないよ。普通の男女の仲だ。俺が日本でそういう（覚醒剤）仕事をしていることに電話の会話などで気づいたんだろうね。それで女がボスを連れてきて、一緒にメシを食った際に『こういう仕事があるんだけど』とボスから誘われたんだ」

松本は一九九〇年から覚醒剤のシノギをしていた。タイルートを開拓する以前は、品質の良い中国・香港から、香港グループと呼ばれる現地マフィアを通じて密輸されたシャブを、日本で捌いていたという。

僕が、「香港グループの密輸方法は瀬取りですか」と訊くと、松本は「いや、瀬取りは切羽詰まったときにやる密輸の方法なの」と否定し、「他の方法で入るなら瀬取りなんてやらないからね。一般的には工業用機器のなかに入れたりして空輸する」と説明した後、続けた。

「でもオーダーは取るよ。要は、俺らは密輸には触らないけど、『今回は一〇〇キロ』、『次は二〇〇キロ』と、日本に入る前に香港グループにオーダーをかけなきゃいけない。そして商品は別の人間が運ぶの。

もちろん密輸の前には品質を測る。テスター役の韓国人のスペシャリストがいるわけよ。この韓国人は世界一のテスターだと業界で言われている人物だ。香港グループが七、八種類のシャブを用意しても、その韓国人は一発で最上級のシャブを見極める。相手が驚くほどの早業で。もちろん香港グループはどのシャブが一級品か分かっていて、俺らを図ろうと、あわよくばダメなシャブを掴ませようとする。テスター役がダメなシャブを選ぶと、相手は素人集団だと踏んで値段を釣り上げたりするんだ。ダメなシャブで、本来は一キロ五〇万が卸値のところ、こちらが素人だと踏むと、相手は倍の値段を吹っ掛けてくる。要は騙されて一〇〇万とかで買わされちゃうわけ。

だからシャブの取引においては、このテスター役が重要なんだ。素人が、未熟なテスターを連れて行って相手にナメられたら一巻の終わり。ダメなシャブを高値で掴まされて商売あがったりなんだよ」

香港グループを通じて、中国の工場と取引していた。つまり総卸元の立場に他ならない。末端の売人ではないわけで、その儲けは相当なものだろう。加えて注文をするだけなのだから、多分に摘発のリスクも軽減される。なのに、なぜタイルートに変えたのか。

「中国でいろいろ問題が起きたの。詳細は言えないが、現地に複数の日本人が在住して（覚醒剤の）仕事をしていて、みんな捕まっちゃった。それでヤバイと思って中国から手を引いたんだ。日本人でも関係ない。覚醒剤は、中国ではもう三キロ以上でコレだから」

と言って、松本は人差し指で拳銃のトリガーを引くジェスチャーをする。顔見知りのヤクザたちは結果、銃殺されたという。

調べると、二〇一〇年時点で、中国で死刑が確定した日本人が四人もいることが分かった。うち三人は、それぞれ二〇〇三年から二〇〇六年の間に覚醒剤を日本に密輸しようとした疑いで逮捕・起訴され、いずれも二〇〇七年に死刑が確定していた。

松本は言った。

「みんな（覚醒剤を）一〇キロ以上を動かして日本から切符（指名手配状）が出た、日本に帰れない人たち。引渡し条約のない中国ではもう、死刑を待つしかないんだよね」

和久井は、この一九九〇年代後半に日本のヤクザたちが中国に工場を造り、後に死刑になった事情についても、「工場は韓国と中国の国境付近にあった」と詳しかった。

「その前から中国当局は戦略物資として覚醒剤を造り、軍や公安のサラリーの一部にしていた。当然、相場をコントロールしたいわけで、すると民間人が新たに、それも大量に造られて値崩れでもしたら困るだろ」

和久井が断言するのは、いまも面倒を見ている某ヤクザ組織の組長の兄貴分が、実際に覚醒剤の密造容疑で中国当局に拘束され終身刑を食らい、その組長が定期的に支援金を送る姿を傍で見ていたからである。

にしても、なぜその兄貴分だけが死刑ではなく終身刑なのか。

「おそらく裏取引をしたんだろう」

いずれにせよ、事情を知ってか知らずか、日本のヤクザたちが香港グループもろとも中国政府により粛清されるのは、当然といえば当然だ。

警察庁の資料によると、二〇〇三年の覚醒剤事犯の検挙人員は一万四六二四人で、前年より二一四七人（前年比一二・八％減）減少したが、押収量は四八六・八キログラムで、四九・八キログラム（前年比一一・四％増）増加した。一〇〇キログラム単位の大型密輸入事件等を摘発し、香港・中国からの大きな流入ルートを遮断したことなどにより、覚醒剤は品薄状態になったと記されていた。

しかし、全国的な価格の上昇傾向がみられるなか、航空機を利用した携帯密輸入事犯や航空貨物便を利用した小口密輸入事犯が急増し、また、覚醒剤の原料の所持等の事犯が増加しているなど、依然として根強い需要の存在がうかがわれ、いまだ「第三次覚醒剤禍」が継続しているとも記されていた。

さらに二〇一一年には史上最高の二トンに迫る覚醒剤が押収されたのをはじめ、二〇一一年から二〇一五年の五年間で約四・四トンの覚醒剤が押収されており、二〇〇五年から二〇〇九年の五年間の押収量の三・三倍と、押収量が急増していることもわかった。

香港・中国からの大きな流入ルートを遮断とは、先に述べたように、香港グループを通じて密輸し逮捕され、死刑が確定した事件を指しているのだろう。航空機を利用した携帯密輸入事犯についても、タイ人女性が観光ツアーに乗じて運び屋になった事件を指していると理解していい。

松本がタイに渡ると、また年間の押収量が増加に転じていたのだ。こうしてヤクザの証言と警察発表とで事件の表裏を照合すると、なるほど密輸ルートの推移がよくわかる。

果たして松本は知人のヤクザが拘束され中国・香港ルートから早々と身を引き、後にタイのマフィアのボスと偶然の出会いを果たす。彼の、この強運がすべての始まりだった。

## タイルートの実態

和久井からは、某組織は「タイに自前の覚醒剤密造工場を持っている」と聞いていた。しかし松本は、「いや、それはないです」と否定した。和久井の言葉を借りれば、野原のように「言えないこともある」ということなのだろうか。「本当ですか?」と訊き直したが、打ち消す言葉に淀みはない。そして続けた。

「現地の部族が中国から教えてもらって造っているんです。場所は、タイ第二の都市・チェンマイから一時間ほど山を歩いて登った奥地です。後藤組関係者がひとり、殺されたでしょう。あれは他の深い事情もあったんでしょうが、その山奥に覚醒剤を取りに行って殺されました」

ここで、松本の言う、後藤組関係者が殺された「真珠宮《しんじゅく》ビル」事件についても少し触れておきたい。

二〇〇六年三月、東京都港区で野崎和興さん（五八、当時）が刺殺された。顧問を務めていたビル管理会社のJR新宿駅南口近くの好立地の雑居ビル「真珠宮ビル」をめぐり、後藤組のフロント企業との間でトラブルになっていた。所有権が複雑化しており、野崎さんはフロント企業との交渉役として矢面に立っていた。

「実行犯」として殺人容疑で国際手配されていた後藤組系の近藤毅元組員（四三、当時）は、海外逃亡の果てに翌月、タイで射殺された。なぜ元組員は殺害されたのか。元組員をタイに手引きした人物も死亡しており、謎多き未解決事件である。ちなみにいまでこそ一般的になった〝地面師〟なる造語は、土地やビルの所有者を装い購入希望者を騙して大金をせしめる絵図を描く人間を指すが、ネタ元の地面師によればこの事件を発端にマスコミによって作られたそうだ。

同時期にタイで覚醒剤の商売をしていた松本は、事件の詳細についても詳しかった。

「経緯までは知らないが、『後藤組の逃げてる男が、部族を知る現地ガイドと一緒に、車で山にシナモノを取りに行ったよ』と聞いていた。結果、現地のガイドに撃ち殺された。俺は、わざと取りに行かせてガイドに殺させたんだと思う。シナモノの件で口論になったとされているけど、死体現場には二、三キロのシャブと多くのドル札が散乱していたそうだ。でも、部族との決済はバーツのみ。ドルでは取引できないからね」

彼が考察するように、名目はシャブの取引だが、実は殺す目的で誘い込まれたのだろうか。

話を戻そう。

ともかく、覚醒剤はタイの部族により山奥で密造されているという。

マフィアのボスがオーダーを取り、部族の男たちが実行する。ボスとは昨日今日の仲じゃないけど、念には念を入れてテスター役の韓国人を呼び寄せた。騙されたらカネを戻してもらうだけだ。仮に品質が悪くても、「この前のヤツ、ちょっと良くなかったよ」と言えば、「分かりました」と直ぐに別の良質なシャブを用意してくれた。オンナを通じた信頼関係でコトは円滑に進んだ。

ボスは五〇キロを上限に、最低二〇キロからオーダーを受けた。一度の生成にあたり、一キロも二〇キロも時間と労力が同じというのが、その理由である。

「釜の容量がキロで、一〇〇キロだと二回に分けて炊かないといけない。つまり少なくても多くてもダメ。一度で炊くと、そのシナモノは全て『同じ品質になるから』って言ってたよ」

釜とは、日本の小学校の給食センターで白米を炊くような大釜だ。古典的な設備で密造されているという。

「原価は一キロ当たり六万から八万円。それを一回炊けば一〇倍の値段で卸せる。部族の連中にいくら渡ってるかは知らないけど、ボスにとってもボロい商売だよね」

生成方法は、こうだ。

まずはエフェドリンを釜で炊いて液体のシナモノに。そして〝決定〟と呼ばれる、液体のシナモノを個体のシナモノに返す作業をする。決定時には沸点の温度と何を混ぜるかが重要で、温度は技師しか窺い知れないが、白金パラジウムなどが混ぜられる。つまり覚醒剤の生成には、細かい調合に加え、気温や湿度などに鑑みた最適な温度を知る技師が必要なんだ――松本は雄弁に手口を明かした。

現役薬剤師が補足する。

「エフェドリンを化学合成して造ります。設備は市販のビーカーやフラスコ、冷やすための水道設備。匂いが気になるならチャンバーという外部に匂いを出さない高価な設備を用意する。でも部族が仕切る山奥など治外法権の場所なら必要ないですかね。

手順は、簡単に説明すれば、原料をフラスコにいれて、溶媒を混ぜて反応させれば理論上はメタンフェタミン（覚醒剤）になる。やろうと思えば、化学をやってる大学生でもできる。大学院生なら確実にできる単純な実験です。

なので、部族が古典的な大釜で合成していたとしても不思議はありません。ただし、エフェドリンに何を混ぜて、どの温度で、何をするのかは専門家じゃないと分からない。熟練の技が求められるのです」

松本は部族が密造したシャブを一〇倍の値段で買取った。もちろん一人で日本まで運べば大儲けだ。が、リスクは高い。山奥からバンコクまでは数多の検問所を通過せねばならず、捕まれば中国同様、タイでも終身刑が待っていた。

事実、過去には試みてはみたが、抜け道などまったくない。大きな検問所が二箇所、細かい検問所を入れたら計一〇箇所以上もあったのだ。

「一度、若い衆を山奥の密造工場にシャブを取りに行かせた。でも、部族じゃないととても運べないと分かって、断念した。

部族は、ボスからオーダーを受けても直ぐに造るわけじゃないんだ。一日一回、酋長が木で作ったサイコロを振り、その日の運勢を占う。出た目が悪いと『今日はダメだ』と炊かない。良いシャブが出来ない暗示だと言うばかりか、検問で見つかる可能性が高いから、出来たシャブを『山から下ろせない』と言うらしいんだよ。

俺はチェンマイで若い衆がシナモノを持って来るのを何日も待っていたんだけど、電話で『すいません、今日もダメみたいです』と報告が来るんだ。結果、一週間以上も待たされたよ。で、一〇日目、ようやく良い目が出たんだろうな、若い衆がシナモノを持ってきた。

そのときは五個（五キロ）。もちろん山道は俺らじゃ無理だから部族の専門の運び屋に頼んでさ。部族の運び屋から『麓まで取りに来てくれ』と言われて若い衆が向かい、山に車を横付けして待っていたら、茂みの中から部族の運び屋がバッと飛び出して来たって。驚いて尻餅をついたら、運び屋は表情一つ変えず『カネ！　カネ！　カネ！』と叫ぶんだって。それでカネを渡したら、シナモノが入ったカバンをバッと投げて茂みに入って去って行ったらしいよ。

これだけ苦労しても麓からチェンマイ、チェンマイからバンコクへは自分らでリスクを冒して運ばなきゃいけない。ボストンバッグの底を切って、上げ底になっていることが分からないよう細工したら、運よく検問を突破出来たけど、次はどうなるか分からないからね」

「検問員などカネで懐柔できないんですか？」

「ダメダメ。できたら金持ちでなくてもみんなやってるよ。あのね、タイは裏切り天国なの。旨い話にカネを払っても、現金を受け取ったら最後、連中は平気で裏切る民族だから」

相手に対して怒らないように教育され、性格や行動が穏やかでのんびりしていることから〝微笑みの国〟と呼ばれるが、実際の国民性は真逆のようだ。

「物理的には可能だけど、地理に長けた現地人でも捕まるほどリスクが高い。だから山奥から麓まで運ぶだけでも値段が高騰する、と」

「そう。山の上で炊いたシナモノと、チェンマイまで下りてきたシナモノ、チェンマイからバンコクまで来たシナモノとでは値段が二倍、三倍に跳ね上がるの。一キロ一〇〇万でスタートしたシャブが、チェンマイでは二〇〇万、バンコクでは三〇〇万といった具合に。オーダーは二〇キロ以上からだから。部族の運び屋は、険しい獣道を二〇キロのシャブをリュックに詰めて背負い、歩いて下りてくる。私たちのような素人ではとても無理。普段から獣道を歩き足腰が鍛えられた部族じゃないと出来ない芸当で。もちろん車が通れる山道もある。でも検問所で警察が見張っているからこうして運ぶしかないんですよ」

基本的な疑問もぶつけてみた。ボスとのカネのやり取りや、シャブの受け渡し方法についてである。

「ボスにはどうやってオーダーするんですか。またカネの受け渡し方法はどうするんでしょうか」

「ボスの下に元締めの男がいる。買い付けする際には、まずその元締めの男の口座に、俺の部下からカネを振り込ませる。タイ警察の捜査を攪乱するため、何十箇所もある指定の口座に、一回数十万円ずつに分けてバーツで入金。一度の入金額が大きいと足がつきやすいからね。

方々からの入金を確認し、俺がボスに注文した金額に達したら、ボスが部族にオーダーをする。俺は通常三キロ、多い時で五キロを一度に注文する。ボスは多方面からの注文を見越して二〇キロ以上から部族にオーダーする。注文は俺からだけじゃないわけよ。バンコクのシャブのほとんどがボスルートだから。二〇キロのうち五キロを俺に卸し、残りは倉庫にキープする。残りは次回の注文用だったり、タイ国内で消費するもの。

相場は一キロで一八〇万から二〇〇万。二〇キロで四〇〇〇万ほど。ボスは、俺の注文に応じてストックしたシャブから卸してくれる。この前注文したヤツが良かったら、『あといくつくらいあるの?』『もう一〇くらいしかない』『なら、残り全部押さえといて』という具合にね」

麓までは部族の男が運ぶが、おそらくその場でリュックからボストンバッグに入れ替えられそして、運び屋によりチェンマイからバンコクまで届けられるという。

「運び屋はバイクで来たり、車で来たり。タイはソイ5など住所がナンバリングされた標識が道路に建てられています。カネを取引の前日までに振り込むと、『夕方六時にソイ5に立っていてくれ』と指示が。すると予定通りにバイクがやって来る。運び屋はボストンバッグに入ったシナモノを乗り物から降りずに俺の部下目がけて投げて、すぐにその場から立ち去る、と」

「運び屋とは顔見知りなんですか？　だから波長が合うんですか？」

「いや、全く。元締めに伝えてある目印は、シャツの色と日本人と、これだけ」

まるでテレクラの待ち合わせのような手法だが、トラブルは一度もなかったそうだ。考えれば、決められた場所と時間に日本人が立っていることなど天文学的な確率に違いない。松本の言葉がすっと胸に落ちた。

日本への密輸は、金塊密輸と同様に覚醒剤をラップに包んで腹に巻く手法と、コンドームに入れた覚醒剤を飲み込み旅客機に乗り込む〝ボディーパッキング〟の手法とを臨機応変に使い分けることで税関を通り抜けた。むろん、ときには失敗することもあったが、たまに運び屋が捕まるレベルで、彼まで捜査の手が伸びることはなかったという。

タイから日本への密輸で空輸が主流なのは、その地理的理由からだった。大海原を渡るに耐えうる設備や燃料の問題により、船での運搬は現実的ではないのである。

かつては香港グループから一〇〇キロ単位のシャブを密輸していた松本が、数キロのシャブをこまめに運んだのも、物理的に大きな商品が運べないためだった。

「台湾や中国からは船で運搬できても、タイからは無理です。もちろんタイでもボスへの注文を二〇キロ単位で複数回して溜めて何百キロにすることはできますよ。でも、どうやって空輸するかという話です」

「瀬取りは？」

「あれは日本に近い台湾ルートだからできる手口。タイからどうやって船で運んできて、どこで受け取るんですか」

素人考えながら思った。タイから台湾を経由して日本に入れればいいのでは、と。

「いやいや、台湾の税関を通るリスクが増えるだけでしょう。もちろん台湾が治外法権で、そこまで行けば必ず成功すると分かっていればどんな手を使ってでも運びますよ」

密輸に寛大な国など一つもないわけである。

僕は続いて、いつまで密輸が成功していたかについて尋ねた。当然、シノギで刑務所暮らしを強いられていないことから捜査の網の目を潜り抜けていたことになるが、これまた当然というべきか、税関という大きな壁が立ちはだかった。

「成功していたのは六年前までだね。それがギリギリ。以降はダメよ。

そのころ、かねてから導入されていたX線検査の精度が上がったの。すると運び屋がバタバタと捕まるようになった。摘発が増えれば俺の元にまで捜査が及ぶリスクが高まる。もう潮時だと思ったね。

サーフボードを加工してシャブを忍ばせたり、仏像に隠したりなど、そんなのは絶対に無理。それで成功していたのは、もう何十年も前の話だよ。俺が始めた頃にはもう、自分のカラダに忍ばせて機内に持ち込むしかなかった。絵画の額縁の裏に隠す？　そんな漫画みたいな手口で必ず成功するんだったらみんなやるよ」

X線検査。人海戦術による手荷物検査場でのチェックに加え、かねてから導入されていたレントゲンで分析の精度が上がり、税関での摘発頻度が大幅に増えたという。

『関税概説』（青木一郎著／日本関税協会）によれば、コンテナに貨物が入れられたままの状態で、コンテナごと検査できる大型X線検査装置が初めて導入されたのは、二〇〇〇年のことだ。二〇一八年までに、全国で一三港、一六ヶ所に配備されているという。もちろん大型だけでなく中型、小型のX線検査装置も、航空貨物であるSP貨物（スモールパッケージ、小口急送貨物）や国際郵便物の検査に活用されている。

調べると、松本が〝六年前〟をターニングポイントに脅威を感じた中型、小型のX線検査装置は一九八〇年から順次、各税関に導入されていることが分かった。彼はX線がたたって、運びの失敗が頻発したと受け止めていた。しかし、二〇〇〇年と六年前の二〇一四年では時期が合わない。果たして六年前に何があったのか。さらに財務省の資料でX線検査装置の設置台数を調べると、古いものは公表されていなかったが、二〇一七年は二一七台、二〇一八年は二四九台、二〇一九年には二六一台と、旅客数や物量の増加に比例して年々増していることが記されていた。が、空港での手荷物検査時に限定した導入時期については触れられていない。

そこで、税関を所管する財務省関税局に問い合わせた。監視課の担当者はこう語った。

「手荷物に限定したX線の導入時期は公表していません。資料は手荷物、国際郵便物、海上貨物を含めてのもので、一九八〇年から順次、各税関管所に配備されました。また配備場所についても取締りの観点から公にしていません。例えばA空港にはあるが、B空港にはないとなると、手薄なB空港が狙われかねませんから。

税関管所は、大きな港もあれば小さな空港もあります。年々設置台数が増えているのは、全てに配備されていないということではなく、常に検査体制を強化していると理解してください」

そして〝六年前〟について訊くと、

「我々としては、いつの時代も全力で対応しています。例えばオリンピックに向けて、インバウンド需要を見越して政府により予算編成が組まれ取締りを強化することはありますが、取り立てて六年前にX線の設置数を急激に伸ばしたような事実はありませんね。やはり予算にも限りがありますから」

との回答だった。

さらに取材を続けると、松本が手離れした六年前とX線の導入時期との明確な因果関係を示すことができない理由が見えてきた。シャブの古典とも言うべき捜査手法である麻薬探知犬（麻薬犬）をはじめ、最新の検査機器を順次導入していたわけだ。

麻薬犬が米国税関の協力を得て導入されたのは、X線導入から約二〇年後の一九九九年。麻薬犬とペアを組むのはハンドラーと呼ばれる熟練された税関職員で、〝六年前〟には全国で約一二〇頭が活躍していた。オスは発情期のメスのニオイを八キロも離れた場所からでも嗅ぎ分けるなど、刺激臭になると人間の一億倍の感知能力がある。

当然、カバンの中身を丸裸にするX線は、麻薬犬より優位に働くと思われた。が、興味深いことに、検査は人間のカラダをX線にかけることはないので、飲み込んだシャブまでは調べることはできず、ボディーパッキングは依然として麻薬犬が威力を発揮していたのだ。

かつて税関職員に麻薬犬について訊いたことを思い出した。

「飲み込む時に粉が一粒でも衣服や表面の皮膚に付着すると、麻薬犬が反応します」

反応した旅客をトイレに連れて行き詳しく調べると、大概は体内から覚醒剤が出てくるという。

ある捜査関係者は、麻薬犬について、有効な手段であることは確かだが、「その日の体調などもありせいぜい数十分程度しか集中力が続かない」と漏らした。頭数に限りがあるので、情報などから「オランダの直行便など特定の便を集中的に捜査している」という。

前出の財務省担当者は、「麻薬探知犬も配備機器の一つとして捉えています」と言った。そして、麻薬犬以降も「さらに検査機器を強化しています」と、二〇〇〇年ごろから新たに導入された不正薬物・爆発物探知装置（ＴＤＳ）について、続けた。

「ＴＤＳは、ワイプと呼ばれる不織布で外装をふき取り、そこに残った麻薬などの微粒子を探知するものです。密輸者はカバンに覚醒剤を詰め込むなどの作業をしますよね。その際にカバンの取手やファスナー、スーツケースの外装などに目に見えないレベルの粉末が付着する可能性が高いですから」

そして、僕が密輸犯がＴＤＳの存在を知らないことからＸ線が引き金になったという可能性を指摘すると、手口がバレつつある現状を嘆くかのように言った。

「六年前ならそうかもしれませんね。残念ながら最近は、テレビドラマで（ＴＤＳによる検査シーンが）再現されて広く知られるようになっちゃいましたが……」

## 水際捜査

すでに記したように、日本の海岸線から一二海里（およそ二二キロ）を〝領海〟と呼び、基本的には国土と同等の主権が及ぶ。捜査機関は、その〝領海〟を侵犯する外国船がいないか巡視船を航行させて監視している。密輸団はこれより沖の領海外に貨物船を停泊させて覚醒剤を小型船に積み替え陸揚げする、いわゆる瀬取りにより税関を通さず覚醒剤を運ぶ。GPSシステムの進化により、クルーザークラスでも位置が特定されると言われる捜査対策として、二〇〇〇年ごろから、さらに小さな水上バイクが使われることも少なくないという。

日本国内で摘発された薬物の約九割が税関を起点とした水際での取締りだと言われている。税関、警察、マトリ、海上保安庁の四機関が合同でする、いわゆる水際捜査だ。

ある捜査関係者は、薬物の取締りのニュースなどで「警察が逮捕！」「マトリが検挙！」「税関が摘発！」などとあるが、実際にはいろんなパターンがあり、「各機関が協力して合同で捜査を行っているのが実情」だと話す。

「税関が覚醒剤を見つけても、行政権しかなく、調査はできるが逮捕権がないので、警察やマトリに連絡をして、事件を一緒に捜査できますか、というのが一般的な流れ」

残る海上保安庁は「基本的に水っ気のある捜査を専門にする」と、続ける。

「瀬取りのような洋上取引になると、捜査を円滑に進めるために海上船舶の行動把握を得意とする海上保安庁と合同捜査になる」

洋上取引は、各捜査機関が目を光らせているものなのか。

「もちろんマトリや警察から端を発することも。情報を得て、陸に上がってきたら尾行したいとか、入国時に荷物の中身を開けたいとか。そうして情報を持ってあらかじめ合同捜査をすることがある。

海保がどこまで情報を持っているかは未知数だが、そうは言っても海保が情報を持っていたとすれば警察やマトリに言ってくる。なぜかと言えば、外国から来る船もあれば、日本から出る船もあるわけで、行動確認や張り込みは陸上での持ち場的に警察やマトリの仕事になる。

海保は事件が起こる前にどこまで地上の捜査ができるのかは不透明です。税関も同じで、関税法で仕事をしているから、関税法の届く範囲の調査しかできない。荷物を差し押さえたりはできるが、泳がせて組織や末端の売人を捕まえることはできないのです。だから情報から末端を追うことになると警察やマトリに協力を求める。

それは旧来の、各々の機関が別々に捜査を行い成果を誇示するよりも各機関の専門性を生かすことで本来の捜査目的を果たすことが推奨される時代に変化したことが大きな要因。つまり、報道では『警察によると』とマトリや海保は専ら省かれているが、何百キロの大規模な瀬取りになると、そのほとんどは警察とマトリとの合同捜査になっているのが実際のところ」

ちなみに警視庁は東京都だけだが、例えば関東信越厚生局・麻薬取締部のように、マトリは関東全域をカバーするなど守備範囲が広い。マトリは茨城でも長野でも自由に動けるわけで、人員が二七〇人ほどと小規模だが、組織としての機動性には優位がある。さらに人員が少ないぶん、全国のマトリ組織と顔なじみで、別地域のマトリに「ちょっとあそこのヤサ（自宅）を見てきて」など気軽に頼めたりもするという。いろんな意味で小回りが利くわけだ。

実際、海保の目視による検挙はあるのだろうか。

「ないわけではない。だが、実際、目視できるのはせいぜい海岸から数キロまで。それに瀬取りを発見したところで、急行しているうちに捨てられたら終わり。相手船舶含め二隻を停止させ、海上で両船舶に飛び移り制圧し、薬物試験を行うことは想定しづらく、洋上取引中に捜査機関に気づかれた場合には、違法な薬物は海上に投棄され、証拠隠滅されてしまう。そのため、やはり、通常は陸揚げのところを海岸で待っての検挙が多くなる」

警察の捜査を追ったドキュメント番組で、売人のアジトに乗り込む際に「トイレに流されたら」

と緊張する捜査員のシーンを見たことがあるだろう。海でも同じことがいえるのだ。

「ニュースなどでは覚醒剤の密輸の報道は時々しかされておらず、珍しいことと感じている人もいるとは思うが、実際には空港で一日に複数件検挙されたり、貨物や郵便も含めれば一週間で相当数の薬物を発見することは全く珍しいことではない。国内のどこかに受取人がいるのにニュースにしたら、〝仲間が捕まってます〟とこちら側から発信することになり捜査に支障をきたすおそれが高く、年間一トンを超える押収量からも常に日本に薬物が持ち込まれていることが分かります」

密輸団は跋扈し、また押収量も増加した。量の差異はあるものの、もはや検挙は常態化している。

「実際に、日本にどれほどの覚醒剤が入ってきているのか想像がつかない。使用者が年間一万人ほど捕まっているが、捕まらない人間の方が多いわけで。その捕まらない人間が何人いるかを計算して、その人間が月の平均使用量を割り出して計算すれば概算できるかもしれないが」

そして捜査関係者は続けた。

「蛇口の部分。密輸手口の巧妙化により水際での摘発が思うようにいっていないから、これほど市場に出回っている」

聞くだに言を俟《ま》たないが、彼を複雑な心境にさせるほど、密輸団は我が国の空港や海岸線に潜行する。

## 見限られたタイルート

話は戻る。松本は、もう一つ決定的な理由も口にしていた。

「タイでの取引はバーツに換金する必要があるでしょう。すると円安の影響で商品の値段がバッと上がった。すると密輸後に日本での単価も上がる。円安前と比べると三〇から四〇%ぐらいの差が出たんだ。

これでもうアウトだよ。これまで五〇バーツ得るのに一〇〇万円でよかったのが、倍の二〇〇万円も必要になった。それに応じてシナモノの価格を上げる？　ダメだね。高いと日本では売れない。日本のシャブの相場は決まっているからね。よほど品薄だったら別だよ。でも、当時は他国から密輸されたシャブが豊富にあったから。

タイで二〇〇万円で仕入れて、日本に持ってくれば三〇〇万円。差額の一〇〇万円が儲かったのが、三〇〇万円で仕入れても三〇〇万円でしか売れない。そんな慈善事業みたいな商売するヤツがどこにいるの」

僕は彼に、報道資料を見せながら二〇二〇年にタイ人、それも女性が覚醒剤の密輸で大量に捕まっていることを伝えた。前述のように、二〇一九年に発覚した覚醒剤の密輸事件は過去最多となる二七三件。このうち航空機を使ったケースが一八九件にのぼり、タイからの密輸が四九件と最多なのである。

「そうだろうね。中国政府が覚醒剤の密売に関して取締りを強化したことで、二〇一八年ごろから中国ルートの密輸が鈍っているから。もちろん北朝鮮ルートも万景峰号《マンギヨンボン》がダメになった以降は下火。国交がないから民間人が密輸することもできないし。

するとと、残るは台湾かタイしかない。タイは緩いから、国内だったら簡単に手に入る状況だからね。女性が増えているのは、シャブを隠せるように下着を加工した特製のブラジャーがあるから。右に五〇グラム、左に五〇グラム。計一〇〇グラムを入れて、旅行ついでに運ばせるんだろ？検査が杜撰な昔はね、金玉とケツの間にサランラップで包んだシャブ下にテープで貼って。この手口で一回五〇〇グラムは可能だった。

量も少ないし、まあ、税関もバカじゃないから子ども騙しに過ぎないけどね。

そんな素人みたいなことやってるレベルだから、組織の人間はもう手を引いている。なにせ一〇〇％近い確率で見つかるんだから。税関の検査場を通ると、シャブはX線でグリーンの蛍光色に光る。覚醒剤だけが光るように技術が発達しているの」

一般観光客を装った運び屋のタイ人女性が増加したのは二〇一九年ごろ。財務省によれば、全体の摘発件数の約半数以上を航空機旅客が占めたというから、確かにこの証言とピッタリ合致する。

これほどまでにX線検査機は脅威で、ヤクザはタイルートを見限った。それならばどこからシャブが日本に上陸しているのだろうか。

財務省のデータによると、覚醒剤の押収量は二〇一六年以降、四年連続で一トン超えを記録し、二〇一九年には史上初めて二・五トンを超えたという。烏島南西方沖で洋上取引（瀬取り）された覚醒剤約一トンが漁業関係者からの情報提供により静岡県賀茂郡南伊豆町の海岸で摘発されたのも、この年だ。

以下はその記事である。

**◆過去最多量の覚醒剤一トン押収、七人逮捕　静岡・下田沖、暴力団関与か**

静岡県南伊豆町の海岸で不審な小型船内から覚醒剤約一トンが見つかり、警視庁などが押収していたことが五日、分かった。一度の押収量としては国内最多で、末端価格は約六〇〇億円に上る。警視庁や海上保安庁などが背後に暴力団が関与しているとみて数年前から捜査。海上で積み荷を移し替える「瀬取り」による密輸とみて内偵を進めていた。

警視庁組織犯罪対策五課などは三、四日に覚せい剤取締法違反（営利目的共同所持）容疑で、覚醒剤を荷揚げしていた二四～四〇歳の中国人の男七人＝いずれも住居・職業不詳＝を逮捕。逮捕容疑は三日、営利目的で南伊豆町の海岸で覚醒剤相当量を所持したとしている。調べに七人は否認している。

同課によると、七人は日本人が所有する小型船（全長約一〇メートル）で覚醒剤を密輸。二キロ程度で小分けにした袋をシートで梱包（こんぽう）し、船内に平積みしていた。同課などは、三日夜に護岸に接舷して荷降ろし作業をしている所に踏み込んだ。現場にいた七人は逃げ出すなどしたが、身柄を確保して逮捕した。

同課によると、数年前に近隣住民から「不審な船が港に入ってきている」と通報があり、瀬取りによる覚醒剤密輸事件とみて内偵捜査。覚醒剤は香港から流入している可能性があるという。

約一トンの覚醒剤は年間押収量に匹敵する量で、過去に押収されたケースでは、平成二八年に沖縄・那覇港に停泊していたヨットから発見された五九七キロが最多だった。

（「産経新聞」二〇一九年六月五日）

ショットガン方式による空輸はもちろん、瀬取りも難しくなっているようだ。

ところが日本でシャブが高騰している話は聞こえてこない。コロナ禍での国際便激減の影響で、多少は値上がりしているようだが、それでもここ数年の末端価格は〇・〇三グラム当たり一八〇〇円前後で推移しているのは周知の通り。寒波にやられて野菜が高騰。コロナ対策で主婦たちが買い占め騒ぎを起こしてマスクがメルカリで法外な値段で売られる。品薄になれば値段が暴騰するのは自明の理だ。水際での押収量が過去最高との報告は明らかに事実と矛盾している。

「だからいま、日本のヤクザが瀬取りや空輸で大きな荷物を入れることは少なくなった。少し前に静岡・下田沖で一トン挙げられたけど、あれも捕まったのはみな中国人だっただろ。大体ね、カネがある組織はリスクを負わず、値は張るけど日本に入った商品を買うの。国内でシャブを捌くだけならヤクザはお手の物だから。密輸の第一関門は出発国の税関をいかに通過するか。大量のシャブを日本のヤクザに届けられるのは、やはり成功と失敗を重ねた長年の経験から独自の手法を編み出した中国人たち。ヤツらは少なくとも五〇キロ。通常は一〇〇キロからじゃないと動かないけどね」

既に摘発事例を示し、その背景は保留したが、松本によれば、いま日本に流布しているシャブは外国人により瀬取りで密輸されたものを資金力のあるヤクザ組織が買って商売する流れになっているという。

「タイルートは一〇キロ、二〇キロの単位。一〇〇キロ単位でオーダーをかけても密輸の手段がないから誰もやらないの。仮にタイから中国に入れるとしても国境を跨がなきゃいけない。タイから雲南、雲南から上海。さらに船着場まで運ぶとなったらとてもじゃないけどリスクに見合わない。なら中国で造ってるんだから、中国から運んだ方が早い。それにモノも良質だしね。だから現状、瀬取りで日本に入る大きな荷物は中国（香港）、台湾ルートなの」

大きな荷物は密輸に長けた中国人ブローカーの独壇場だが、取締りが強化された本国からではリスクが高い。そのため、未だ香港ルートが続く一方、取締りの比較的緩い台湾ルートが主流になりつつあると説明した。そして続けた。

「香港グループという金持ち連中がいて、彼らが一〇人ほど集まり、ひとり一億ずつ出資して中国で工場を造った。工場を造ってシャブを生成すれば、出資したカネが三倍に化けるからね。それに一枚噛んでいたのが、タイルートを開拓する前の俺しかり、日本のヤクザたちだ。そしたら類は友を呼ぶっていうの。儲かると踏んだ他のグループが、真似して出資を募って工場を造ったの。で、過当競争になり、どこも独占販売したいから共存共栄とはいかずチンコロ合戦が始まった。繰り返すけど、それで知り合いが何人も捕まったの。だから俺は香港グループから手を引いたんだ」

チンコロ。警察への密告を意味するヤクザの業界用語だ。

「だから実際のところね、俺がやめた後、一トンの密輸は香港が出所だと警察が睨んでるように、香港ルートは続いてるんだけど、ゴタゴタも多くて近年は台湾ルートしか安定して日本に入れられないのが業界の常識なんだよね」


しかしながら、X線やTDSなどの検査機器は人間が操作している。X線を例にすれば、覚醒剤を異物としてモニターに映し出すだけで、コントラストを調整して見え方を際立たせることはできても、それがシャブだと音や光で自動的に知らせてくれるわけではない。前出の財務省担当者も「検査員が異物に気づかないと素通りになります」と言う。そう、最新機器を導入する密輸検査も、最後は人海戦術なのだ。

冷静になれば分かることで、X線も麻薬犬もTDSもかれこれ二〇年前から使われている手法なのに、なぜ六年前に密輸犯の概念が劇的に変わったのか。

答えを求めて元税関職員幹部の男の元を訪ねた。僕が松本を例に税関の水際対策を脅威に感じていることを話すと、「税関の政策が効果を上げていることに他ならないわけで、喜ばしいことですね」と言い、涼しい顔で続けた。

「国際的な情報網が強化されていることが大きな要因です。各国税関当局との間では、薬物や社会悪物品に関する情報をそれぞれ交換し合っています。私が担当していた一五年前ごろはようやく緒に就いた感じでしたが、いまははるかに強化されているのです。

ギブアンドテイクが基本の情報交換でネックになっていたのが、日本側があまり情報を持っていないことでした。強化されたのは、それがクリアされた証拠でもあるし、また世界税関機構（WCO）による協力関係の旗振りによる後押しがあってのことだと思います。

それともう一つ、情報をシステム化したことも大きい。情報には『生情報』と『傾向分析』との二つがあります。生情報は『誰が、いつ、どこで密輸をしようとしている』という具体的なもののことです。従来はこの生情報が大半を占めていましたが、近年は、様々な情報を解析して疑いが強い箇所を重点的に検査する傾向情報にも力を入れるなど、分析手法が発達しているのです」

前出の財務省担当者も言っていたが、予算や人員が不足していることから全ての旅客や貨物を調べることは現実的ではない。限られた手駒のなかで最新の検査機器の効力を最大限に発揮させる上で、キモとなるのは情報なのだ。

「空については、飛行機の顧客情報の交換が密に行われています。氏名やパスポート番号などの表面的な情報だけではなく、いつ、どこで航空券が買われたか。現金かクレジットカードか。細部にわたり航空会社同士で情報交換されています。

税関は、航空会社の協力を得て情報を得る。すると、出発日の直前に現金で航空券を買っていたとすれば怪しいとマークする。成田に到着する前に日本の税関に情報が入り、その人物を重点的に検査する。二〇〇三年ごろからその機運が高まり、顧客情報の交換を航空会社に協力を求めてやることが決まり、いまに至ります。

昔は職員のカンや生情報だけに頼っていました。が、旅客数が増える一方なのに、対して職員の数は微増に留まりキリがない。何かシステム化された検査手法を導入しないととてもじゃないということで、こうした国際情報にウエイトをかけているのです」

まさか情報が、各国税関当局の間でここまで筒抜けだとは思わなかった。ボディーパッキングしかり、手口の巧妙化により、X線やTDSで一〇〇%の確率で覚醒剤が見つけられるほど検査は単純なものではない。だから「情報が重要視されている」と断言する。そして摘発と密輸方法のトレンドには「相互関係がある」と、続けた。

「何百キロの覚醒剤を大型商業貨物に紛れ込ませての密輸が時々、摘発されますよね。失敗すると、国内の供給が不足するため、小分けにして機内に持ち込む二の矢に打って出るのです」

大型密輸が摘発された裏で、直後にタイ人女性の運び屋がはびこり多くが摘発されたことは、既に記した。松本が指摘したように、これは密輸犯たちが航空機による手口に切り替えている証拠でもあったのだ。

基本的なこともあれこれ質問してみた。

「資料によれば、二〇一二年にX線検査機が導入された、と」

「基本的に全ての税関に入っていますね。コンテナを通して検査します。もちろんコンテナだけでなくバラ積みの荷物も通します」

「それ以前はザルだった？」

「ザルと言われると心苦しいですが、X線が入って摘発率が格段に上がったのは、確かです。ですが、それは摘発率が上がっているに過ぎず、一〇〇%ではない。またX線だけで密輸の成功事例が減ったわけでもありません。やはり傾向分析を含めた複合的な検査の賜物です」

「入港した船舶の検査ではファイバースコープも使用されている、と」

「ファイバースコープだけでなく、最先端の検査機器を次から次へと導入しています」

「それでも発見できないことがある？」

「ありますね。例えば、覚醒剤をコンクリートや鉛の壁で二重、三重に密閉する。瓶製の飲料水の中に溶かし込んだりとか。敵も工夫しますから」

コンクリートや鉛の壁で二重、三重に密閉する手口だと「発見できないのか」と問えば、「それは機密事項ですね」と望む回答は得られなかった。

飲料水の中に溶かし込む手口については知っていた。覚醒剤に一つ、化学薬品を加えることで、分子構造を一部だけ変化させ別物にする〝ティーボック・メタンフェタミン〟だ。捜査の目を撹乱するため、それを液体に溶かし込んで密輸する。首尾よく成功すれば、むろん、熱を加えるなどの簡単な化学処理を行うことで、覚醒剤そのものに戻すことができる。

ティーボック・メタンフェタミンを所持していたとして工場経営の男がマトリにより初摘発されたのは、二〇一八年二月のことである。一リットルのペットボトル一五本分の液状ティーボックが見つかり、薬品の所持が製造の予備行為に当たると判断して立件された。覚醒剤約七・八キロ分、末端価格にして約五億円に相当するという。

かつては規制対象外だったが、二〇一七年一二月二九日に禁止薬物に指定された。摘発事例が少ないことや、元税関幹部の男がティーボックについても明言を避けたことからすれば、検査は難しいことだろう。

ちなみに、かつてミュージシャンのＡＳＫＡが逮捕される前、シャブの使用疑惑を追っていた『週刊文春』の取材に対し、多忙な楽曲制作のため、眠気覚ましに「グリーニーなら使ったことがある」と答えたことを覚えているだろうか。覚醒剤の製造方法等で協力を仰いだ国立精神・神経医療研究センターの船田正彦室長は、グリーニーについても詳しかった。

「グリーニーは、体のなかで覚醒剤になるティーボックです。売人が覚醒剤を〝痩せる薬〟との触れ込みで売り回っていたように、このグリーニーもかつて、病的肥満の治療薬としてメキシコなどアメリカ圏で市販されていました。食欲を生み出す神経が抑制されるので、実際に痩せるのです」

飲むと、胃の中で酸に反応し二四時間から四八時間で覚醒剤になるという。つまり覚醒剤そのもの。ＡＳＫＡとしては苦し紛れに思わず溢した言い訳だったようだが、〝語るに落ちる〟とはこのことだ。


松本は香港グループから手を引いた理由に、密告による摘発の増加を挙げていた。密告から摘発に至るケースはあるのだろうか。元税関幹部の男は言った。

「あります。まずは密輸相手国の捜査機関からの生情報です。覚醒剤について、日本より厳しい処罰を設けている中国などは、それだけ取締りを強化していることに他ならず、間違いない生情報なら、確実に日本へ伝えてくることでしょう。

また密輸団のなかには、必ず密告者がいるものです。昔は税関の大型摘発は必ずタレコミによるものでした。タレコミは、密告者にとっては、ともすれば『殺されるかもしれない』危険を孕んだ命がけの行動です。そこで引き換えに、捜査機関がリスクに見合うだけの報奨金を渡したのです。もちろん一〇万、二〇万じゃない。金額は言えませんが、相当な額です。

税関だけでなく警察やマトリがごく当たり前にやっていたこの報奨金制度も、情報公開法が施行される二〇〇一年以降は、領収書が必要になったことがネックで実質、難しくなりました」

身バレを恐れて領収書に個人情報を書きたがらないのは火を見るよりも明らかだろう。

〝これから日本は犯罪大国になる……〟

眉間にシワを寄せて苦悩する警察庁幹部の顔が脳裏に焼き付いているという。元税関幹部の男がもう一つの難点について続ける。

「各県警本部長は、赴任すると〝関係業者〟である地元のヤクザ幹部と飲み食いするのがオシゴトでもありました。しかし二〇〇〇年に施行された公務員倫理法によりそれも出来なくなり、貴重な犯罪の裏情報が取りにくくなりました。なので、それらを補うように情報技術を駆使して成果を上げているのが現状です」

〝司法の壁〟によりタレコミは減っているようだ。それでも「やはり生情報が一番確実ですね」と男が言うように、密国による摘発はゼロではない。

事実、松本の仲間が摘発された契機は密告で、情報公開法や公務員倫理法が施行された以降のことである。邪魔な競合相手がいる。ならチンコロしよう。カネはもらえないけどそれ以上のメリットがあるではないか。あるいは既に密輸団から一生暮らせるだけのカネは頂いている。諸外国の密造者の立場からすれば、これ以上、覚醒剤を造る必要はない。ならば中国当局に密告して恩を売り、これから始めるマトモな商売の便宜を図ってもらった方がいいんじゃないのか。日本のヤクザには、悪いが捕まってもらおう。

屈折した思考と言わざるを得ないが、確かに密輸相手国の捜査機関からの生情報が密輸が捲《めく》れる大きな要因になっているという。報奨金制度はあくまで日本が密輸団から直に情報を取る際の障壁に過ぎなかった。

続いて空港での手荷物検査についての見解である。

「成田であれば、手荷物を航空機から降ろし、ベルトコンベアに載せて、受け取り場に着くまでにX線に掛け、同時に麻薬犬による検査もします。なかでも、いまも昔も麻薬犬の活躍は大きい。しかし、手口の巧妙化によりX線や麻薬犬だけで完全に発見できるかは不透明なところ。傾向分析や生情報などを含めた多角的な検査により摘発件数を上げています」

海上貨物による密輸についてだ。絵画の額縁に入れるなどの古典的な手法は通用しないのだろうか。

「イタチごっこでしょう。従来の手口は税関職員もパターンを認識しています。だから摘発されやすくなっているのは間違いありません。サイバーセキュリティと同じで、捜査機関が警戒を高めれば、相手もさらに上回るよう手口を巧妙化させる。税関も各所と情報交換をして手口を蓄積しています。いまは世界各国の摘発事例により手口があっという間に共有されます。なので税関の防御力もかなり上がっているのは事実です」

瀬取りについても訊いた。松本は「船から船へとシャブを積み替える密輸団員が吸っているタバコの銘柄まで分かるほど衛星による監視能力が上がっている」と、言っていた。

「四方を海で囲まれた日本は、長い海岸線がある世界有数の国。その状況下で一〇〇%の確率で瀬取りを見つけられるかと問われれば、それは無理でしょう。もちろんGPSなどにより以前に比べれば監視能力は上がっています。が、深夜、小型船で人知れず小さな漁港や海岸で降ろされたら。発見できているかといえば、不透明ですね。

海岸線の長さは厄介です。日本の場合は入り組んだリアス式が少なくないですし。最新機器を駆使して監視するにしても、操作をするのは人間です。最後は人海戦術に頼らざるを得ないわけで、長い海岸線を全てカバーするには人員が圧倒的に足りていない。だから総合的にやっていくしかないのです。日本の税関職員は一万人にも満たない。現実問題として海岸線の長さに鑑みると数万人は必要だと感じながら監視業務にあたっていました。もちろん政府も現状を理解していて税関は、例外的に定員増が毎年認められています。他の機関は概ね減っているなか、この処置は政府機関として珍しい。それだけ重要視されているのです」

国際宅配貨物を利用した密輸も増えている。単にエアメールで送るだけではなく、ティーボックの手法を使ったりと、手口は巧妙化している。

「郵便物専門の税関があります。疑いがあれば税関職員が封書や小包を開封して中身を確認することも。受け取った郵便物に開けられた形跡があることは多くの方が経験していることでしょう。X線を通して不審に思い開けることもあれば、麻薬犬が反応して開けることも。様々な手段で犯罪を未然に防ぐのです」

その様々な手口で密輸される覚醒剤を、どれほどの確率で発見できるのか。

「八割にも満たないと思います。仮に五割としても、丁半博打のようなもので、リスクは高い。収益と刑罰を天秤にかけて密輸を目論む。いずれにせよ一か八かのシノギに他ならないわけで、密輸団が脅威に感じるのは自然なことなのかもしれません。密輸団からすれば、昔より難しくなっていることは間違いない。いくら無法者のヤクザであっても、リスクと収益を天秤にかけて足を洗う判断を下すことは理解できますね。

しかしながら、完璧ではないからこそ定員を増やしている。結局、人間の判断を情報や麻薬犬、最新の検査機器で補助しているだけですから。

それに、搭乗時に手荷物まで細かくX線検査したり、中身を開けて調べたりすることは、多くの国では航空会社経由で民間の警備会社に委託しています。国によっては検査が厳しく摘発されることも少なくありませんが、一般的には、手荷物を税関職員の目で細かくチェックしているわけではないので、やはり、入国時に事前情報などから検査台でパスポートを見て怪しいとなり、調べて見たら覚醒剤が出てくる事例が多い。

その時に税関職員の目が節穴だと当然、スルーしてしまうことになる。キモになるのはやはり、税関職員の目です。本来なら出国時にも調べるべきところ、日本の場合は帰国時にしかチェックがない。本来なら関税法上は、出国時の荷物にも許可がいります。なので出国時にも税関ブースを設け、二重にチェックすべきなんでしょうが、そこまで手が回っていない。全て出国側任せになってしまっているのが現状です。もちろん税関ブースがあります。あるにはあるんですが、出国時に調べられた人は皆無に等しいことでしょう。

日本の場合は帰国時に一人ひとり、パスポートを見ますよね。あれは何のためかというと、『パスポートを見せて下さい』と言った際に、本人確認に加え、相手の動作を観察しているのです。ベテラン職員になると、警察官が職務質問をする人物を選定する際のごとく、目線を逸らしたり、覚醒剤が入った場所に視線を落としたりなど、微妙な仕草で不審者だと分かる。心理学上、人間は必ず自分の胸の内が身体のどこかに出るものらしいんですよ。税関職員は、それを経験で掴んでいるのです」

これまでの取材のなかで、密輸団は当たり前のように言っていた。運び屋には覚醒剤を「お土産」などと言って中身を知らせず持たせる。不審物を持っているという意識が働かないように。

「動揺や焦りは隠せないもので、それでも無意識のうちに目を泳がせるんですよ」

理屈うんぬんではなく、運び屋ならではの、仄暗い深層心理を感じ取り抜き打ち検査をするのだという。

「発覚事例が多いなどの過去のデータや事前情報などから、出国した国はもちろん、特定の便にも目を光らせ、予告なしに実施します。例えばタイと香港の、A便とB便は重点的にカバンを開けるようにと指示がある。人員に限りがあるので、指定されたものに関しては臨時で税関職員を増員するなど、メリハリをつけて。日本のヤクザも、国際的な犯罪組織と何らかの関係を持って密輸します。税関は、世界各国の税関との定期的な会議を開いて海外の犯罪組織のトレンドを把握しているのです」

そして最後に、財務省担当者に訊いても分からなかった疑問が解けた。元税関幹部の男の口から、松本が足を洗うことになった重要な要素、〝六年前〟の発端が語られたのだ。

「各国税関の情報交換において、単なるパッセンジャーの名前だけではなく、どこで仕入れたかなど細部まで情報交換がされるようになったのが、そのころ。北朝鮮など国交のない国を除き、ほとんどの国をカバーしています」

X線、麻薬犬、TDSそして、密告や国際情報網――もはや、シャブの密輸がザルだったのは遠い昔のことだったようである。密輸団が、リスクに鑑みドル箱だったシノギを捨てたとしても不思議はない。

松本は、下田沖で一トンのシャブが押収された事件について、こう予想していた。

「漁業関係者からの情報提供があったようだけど、実際は香港から出航する際にチンコロされて、日本の警察と香港の警察とで情報共有がされたんじゃないの」

彼の言葉が、元税関幹部の男への取材で真実味を帯びて耳に響いた。

## 特殊なフィルム

別れ際、ときには大規模密輸を企てたという松本に、その失敗談を訊こうとした。彼には、「勘弁してくれ」と断られたが、代わりに別の男を立ててくれた。

二〇一〇年、三〇〇キロ。手口が特殊で、身バレを防ぐため「詳細までは言えないよ」と強調して、男は過去の悪事を語った。

「工業用機械のなかに忍ばせて密輸しようとした。コンテナに入れて船で税関のある港に入れたら、積荷が倉庫に入った時点で摘発された。税関は通って、ちゃんと日本の倉庫には入ったんだよ。中身がX線でバレたか、事前にチンコロされてたんだろう」

恐らく泳がせ捜査の罠にハメられたに違いない。アベックの振りをして男女二人に取りに行かせたら、その倉庫で捜査員が張っていたという。倉庫でシャブを機械のなかから取り出し、カバンに詰めて外に出たところで取り押さえられた。捜査機関の思うツボだ。

フィリピンから消火器のなかに入れて密輸しようとしたこともあった。消火器の底を切って、ブツをなかに入れてもう一度溶接して密閉。万全、のハズだった。

「港を出たらもう、アウト。チンコロされたんだ。自分の身の安全のため、取引が終わってカネを受け取ったら、フィリピン人のブローカーが警察に密告したの。要は、フィリピンからの出国は成功しても、後に日本のヤクザが捕まり自分たちに火の粉が降りかかるのは嫌だろ。だから外国人マフィアは信頼が置けない。自分の保身に走るヤツらばかりで」

台湾から六〇〇キロを運ぼうとしたこともあった。結果、港を出た瞬間に密告された。

密告される場合もあれば、税関で調べられて摘発されることも少なくない。パイプ管に入れたり消火器で偽装したりして密輸を試みたが、いまの検査技術では無理だと悟った、と。

「そう。検査場でX線に黒く反応したブツは全て調べられる。検査場の荷物を調べるレールは三箇所に別れる。真っ直ぐ行くレール、右に折れるレール、左に折れるレール。怪しい荷物は左に折れ、レントゲンで真っ黒く反応した荷物は絶対に開けられ中身を調べられる。だからもう無理よ。それは船でも飛行機でも同じ。ブロンズ像に入れて偽装しても無理だった。とにかく黒く反応すると調べられるんだから」

イランから手荷物で二〇キロを空輸したヤクザ仲間が税関のX線検査に引っ掛かりパクられ

という。

たこともあった。だが、いま、そのX線検査をすり抜ける特殊なフィルムが流布されつつある

「検査場でも黒く反応させない、何かの模様が出るように細工する手法がある。腹に巻くと赤外線でバレるけど、手荷物で黒く反応させなければ成功するから。怖いのは、最後に出る際の人海戦術による抜き打ちの検査の『ちょっと手荷物を見せてください』、コレだけだよ。要はね、イランを出国する際の手荷物検査場だけ通っちゃえば良いわけで。特殊なフィルムがあるんだよ、赤外線でも青く光らないように細工できる特殊なフィルムが。市販されているものではなく、独自に作ったもの。実際に『買わないか?』と誘われたこともあるよ。

ここ数年の、中国からの空輸による密輸もその手口だ。あとは日本での抜き打ちの手荷物検査だよね。その対策に、挙動不審にならないように、フィルムで加工したブツをお土産品の包装をして、事情を知らない、一緒にフライトする友人に『カバンに入りきらないから入れといて、悪いけど』と預けちゃうんだ。すると友人は全く緊張しないから怪しまれない。

ひいては抜き打ち検査の対象にもなりにくい。捜査官は、七割くらいは顔色で判断して抜き打ち検査するからね。相手は一日何百人、何千人と怪しいヤツはいないかと顔色を見ているプロだからね。いくら平然を装っていても分かるんだ。目を背けたり、逆に必要以上に目を合わせてき

たりとね。

もちろん手荷物で怪しまれないレベルしか持ち込めない。だから、せいぜい二、三キロだ。あとね、最近の空港はカプセルの中に入ってエアーを送って調べる検査装置がある。それが導入されている空港は腹に巻いたり飲み込んだりは無理だろうね。レントゲンと同じで、身体の中まで丸見えらしいから。金の密輪？　あんなの微罪や罰金刑だろ？　覚醒剤の密輸とは儲けも量刑もワケが違う。だからみんな軽い気持ちで巻いてくるんだ」

改めて前出の元税関幹部にX線に反応しない特殊なフィルムや反射塗料の存在について確認すると、

「ありますね。手口を巧妙化させて我々の裏をかいてくるわけですよ。だからX線だけには頼れないのです」

検査技術が進化し密輪が困難になるなか、ちゃっかり特殊なフィルムが開発され、各国の税関をすり抜けている。

# 第六章 ◉ 最高機密【米軍ルート】

## 米軍ルート

未だ第三次覚醒剤禍が続く日本が世界最大の覚醒剤マーケットであることは、間違いない。既に記したように、国内の製造が困難なこと、そして自国の相場より高値で取引されることなどから諸外国から良質なシャブが集まって来る。

捜査関係者が補足する。

「ただし、アメリカ含め諸外国でも使用者が増えている。貿易なので、密輸団は高く買ってくれる国に売る。それでも結果、日本が一番高い」

年々、摘発件数は増えているとはいえ、その勢いは未だ衰えてはいない。シャブの相場が劇的に変動していないことからすれば、厳しさを増す捜査機関の網を掻い潜り、密輸団によりどこからか、人知れず我が国の地を踏んでいることになる。

九〇年代以降の関東のシャブ市場は、九州の有力組織が卸元になり、野原の手により拡大したことは既に記した。なぜ多くの組織が覚醒剤を扱っていたにも関わらず、後から割って入った野原のルートが主流になったのか。

和久井によれば、シナモノが安定供給できたからだ。絶えず供給できる組織でないと市場は取れないのである。和久井が言う。

「他の組織でも当時、単発なら入れられたよ。でもそれじゃあダメ。市場を牛耳り相場を決められないからね」

なぜ安定供給できたのか。

「製造から密輸、販売までワンストップでできるからだ。実際、九州の有力組織はタイに自前の製造工場を持っている。他のフィリピンルート、北朝鮮、中国、ロシアルートは製造が政府機関と結びついている。ひいては国際情勢により供給が不安定になるからだ。

密輸の方法は、漁船でタイから出港し、フィリピンで寄港、台湾で寄港、石垣島で寄港、そして沖縄本島で降ろす。このルートはまだ壊滅的な打撃は受けてない。いまも細々とだが続いている。

また、なぜ迂回するかといえば、漁船のため燃料の問題があるからだ。大型客船なんかで運んだら一発でバレちゃう。積荷を検査されたら一巻の終わりだ。だから海産物の輸入のように漁船を乗り継いで密輸する。

フィリピンまでは同じ漁船。でも一回、台湾で乗り継ぐ。タイの漁船がなぜ日本に来たのか。

明らかに不自然だからな。が、台湾とは海産物の受け渡しを頻繁にしているのでゴマカシがきく。そして瀬取りなどしてヤクザの息のかかった日本の漁船に積み替え、陸に上げる。これが唯一、安定的にいまでも続いている密輸ルートだ」

松本は、タイに組織の自前の製造工場があることを否定していた。その真偽については分からないが、とにかく、他国に、政府機関と無関係の工場を持つことで安定供給できるわけだ。

かつて和久井は僕にこう質問したことがあった。

「いま日本に入って来ているシナモノ（覚醒剤、大麻、コカインなどの麻薬）は、七割がヤクザルート。残りの三割はどこからか、なあ、分かるか？」

答えに窮していると、和久井は勿体ぶらずに言った。

「米軍。つまり在日米軍基地からの横流しだ。それも北朝鮮などから組織的にね。もちろんそれだけじゃない。在日米軍では、毎月、米兵に本国から仕送りができる。一人当たり一〇キロの積荷が認められている。検査もなく飛行機で直接、基地に運べる。このなかにシャブやコカイン、マリファナを忍ばせ、それをヤクザが買い取っているんだ」

米軍ルート。北朝鮮と米軍基地には直行便があり、横田基地などを通じて、密輸ではなく堂々と〝輸入〟されているという。

その都市伝説めいた発言に僕は、その場はひとまず押し黙るしかなかった。ありえない。繰り返すが自分を大きく見せたい裏社会の住人が取材者に対してリップサービスをするなど、よくあるものだ。

ところが、こともあろうに和久井は、大真面目にこう続けたのである。

「ウソだと思うなら調べてみたらいい」

調べると、少ないながらも北朝鮮と横田基地を結ぶ直行便があることを示す記述や画像が散見された。

「横田の米軍からの横流しとの触れ込みの大麻を売人から買ったことがある」

一連の記事を読み、地元の先輩の言葉がよみがえった。普段は自分で栽培した大麻を楽しんでいるこの先輩は、ものの一吸いでブッ飛んだといい、たとえオランダやカナダなど〝本場〟から密輸されたものでもコンテナに入れて船で時間をかけて運ぶと熱で品質が落ちるところ、確かに空輸されたと思しきほどモノは良かったという。

よもや、よもやだ。でも、ありえない話ではないのでは。大麻があるならそう、このルートで日本に覚醒剤が入ってきているとしても。

この疑問を前出の元税関幹部の男にぶつけると、

「噂レベルでも聞いたことがありません。しかし横田に入る荷物を検査する権限などありません。横田基地などは日本国内にあってもカリフォルニア州です。海外と海外で起こっていることで、つまり治外法権。捕虜交換規定などにあたる明確な犯罪がないと監視することはできないでしょう。確かに盲点かもしれませんね、言われてみれば」

という見解だった。

一介のヤクザの発言ならいざ知らず、日本の覚醒剤史を熟知する和久井の証言だ。さらに国家の中枢に身を置くキャリア官僚でもある元税関幹部が、治外法権であり盲点と言うなら、調べてみる価値はある。

## 裏取り

改めて可能性を感じた僕は、それでも半信半疑のまま、この話の裏取りに走った。

明くる日、ある可能性を信じ、また松本を訪ねて米軍ルートについて訊いたところ、彼は「実は前にも話そうと思っていたけど、信じてもらえないかと思って」と前置きした後、堰を切るかのごとく早口で捲し立てた。

「取締りが厳しくなったいま、確実なルートは一つだけ。日本政府がやってるルートしかないでしょう、米軍基地。これしかないんですって。自分たちが密輸を企てても、瀬取りだなんだと出たとこ勝負にならざるを得ない。年間一トン、二トンと挙げられている。なのに、なぜか覚醒剤は日本からなくならない。だから何度も言うけど、大きな荷物が安定して入るのはこの米軍ルートしかない」

僕は米軍ルートを氷解したい、ひいてはシャブがなくならない理由を突き止めたいと懇願した。彼は当初、「こんなの書けるの?」と眉間に皺を寄せて難色を示した。だが、熱意が通じたのか、表情は徐々に軟化して僕に訴えた。

「知る限りでは、中国や北朝鮮から直行便がある横田基地。これは間違いない。あとは沖縄。こうした米軍基地に飛行機等で持ってこないと絶対に無理です。いくら摘発してもシャブがなくならないのは、このルートが秘密裏に機能しているから。つまり経験上、日本政府が絡んでいるとしか思えないんだ」

日本政府が絡み、横田基地に中国や北朝鮮の覚醒剤が直接入ってくる。聞くだに荒唐無稽とも思える話である。松本はこう推測した。

「日本に入ったシャブをどこの組織が捌いているかまでは教えられない。まあ、政府と懇意にしている組織だ。

横田から外国人ブローカーでワンクッション、政府関連組織でツークッション、そしてスリークッション目で我々の元に届く。そこから先はブツの量でどれほど人が入るかが変わる。例えば俺が一〇キロを一キロずつ卸したとすれば、今度は一キロから一〇〇グラムになる。そして一〇〇グラムから一〇グラムになる。最終的には一〇グラムから一グラムに。そして最後は売人から個人の使用者へ。

この手口じゃないと絶対に無理。GPSで瀬取りも無理。税関も無理。他にどうやって安定して入れられるんですか」

しかし、状況証拠による彼の推理だけでは、米軍ルートを事実として受け止めることなど到底できない。なにせ和久井の見立てでは全体の三割だ。米軍が組織立ってそんなに大量の麻薬を密輸するものだろうか。せいぜい米兵が小遣い稼ぎをしているぐらいのものではないのか。

松本の推理には、さらに重要なポイントが隠されていた。彼には事実を捜し当てようとした過去があった。

「去年にも一度、『シャブが六〇キロ入った』との知らせがヤクザ仲間からあり、各組織が買い付けに走った。でも、通常ならどこの組織の誰が密輸したかが分かるところ、調べても調べても名前が出てこない。となれば、残るはもう米軍しかないから」

僕は言った。

「松本さん、その自信はどこから来るんでしょうか」

「あのね、一回、横田基地に『取りに来て』と言われたことがあったの。でも危ないと思って行かなかった。裏切られたらアウトでしょう」

単なる当てずっぽうでもなければ、都市伝説の類でもないのだ。

「横田基地と繋がりのある、古くから知っている宝石屋の社長がいた。その社長から、あるときこう誘われた。

『横田基地行く？　商品（覚醒剤）が着くから。他の組織も入札しているみたいだけど、だいたい三〇コ（キロ）くらいは取れると思うよ』

でも、俺はワナかもしれないと思って断ったの」

前出の元税関幹部の男が証言するように、松本は、米軍基地と北朝鮮との間で直行便が往来していることなどは知っている。

「なぜ直行便があるの？　横田だけじゃない。沖縄だってある。その社長は、宝石など貴金属の取引で横田基地の人間と繋がりがあったことも事実。だから確実にこのルートはあるんだよ」

「軍兵士が私物に混ぜて本国から持ち込むレベルの話ではない？」

「違うよ。北朝鮮は自国の工場で造れるんだよ。だから大量にできる。

もちろん品質も一級品。北朝鮮産のシャブは結晶一つがこぶし大の塊なんだから。見たことないでしょ？

俺らが見るのは、そんな磨く前のダイヤモンドの原石のような塊ばかりだ。小さくて足の親指くらい。色？　ガラスみたいに透明な結晶が良いってイメージでしょ。でも逆に良くない。むしろ真っ白くて硬い水晶のようなシナモノが最高級品だ。そして俺らは、その塊を細かく砕いて市場に出していた。

北朝鮮は工場で、機械で製造している。俺はヤツらに『〝味の素〟を作る機械がシャブに応用できる。だから中古でいいから仕入れられないか？』と言われたことがある。

聞けば、それがシャブの製造に『一番適している』と。原料を入れれば、〝味の素〟と同じくスイッチ一つで結晶体になって出て来るそうだ。簡単に良質のシャブができるんだって、何も手を加えずにね。

二〇年前、俺は若い衆に何回も北朝鮮へ取りに行かせたから事情は良く知っている。当時はね、中国から送り（郵送）もできたから。もちろん腹に巻いても大丈夫だった。郵送で空き部屋に送る？　いやいや、そんなことしないよ。愛人とか、ちゃんと人が住んでる知り合いの家に送る。もちろん中身はテキトーに言う。『友達のロレックスのコピーが届くから開けないで』と言えば、普通は開けないから」

## 万景峰号で〝輸入〟

北朝鮮から空路による〝輸入〟が始まったのは、万景峰号の往来が廃止された以降のことである。万景峰号。北朝鮮の貨客船である。朝鮮総連の資金で建造され、一九九二年から二〇〇六年まで日本の新潟と北朝鮮の元山《ウォンサン》の間を、不定期で就航していた。

物資の輸送や客輸送に紛れ、覚醒剤が運ばれていた噂は方々から聞いていた。その万景峰号にも「若い衆にシャブを引き取りに行かせていた」と、松本は証言する。

「万景峰号は一回、三〇キロから五〇キロは大丈夫だった。手口は、バッグに入れて船長室に保管して運んで来ていた。入港しても、決して船長は降りない。船長室から一歩も出ないの。それで新潟港まで取りに来た若い衆に向けて、窓を開けてバッグを投げるんだって。

もちろん日本政府は一応、決まりで船内を調べる。すると船長は『船長室まで調べるのか、コノヤロー！』と怒鳴るんだとか。そうして船長室にある私物は一切調べさせないし、触らせない。知り合いの受取人に聞いたら、みんなその手口での受け渡しだった。

受け渡しの時刻は決まって夜一〇時ごろ。ブローカーから『何時に行ってくれ』と分単位で指示される。港に着いて、乗船者を降ろす。でも船長はじめ北朝鮮の人間はパスポートがないから船から降りない。それで夜、船長室に隠してあるシナモノを投げる。

その頃には検査など終わり港には誰もいない状況だ。船長はカネを受け取らない。事前にブローカーが渡している。この取引は船長の小遣い稼ぎじゃないから。船長はただ渡すだけ。つまり北朝鮮が国ぐるみでやっているシノギだ。

『今日着くから』

『いくつ持ってきたの？』

『五〇』

『いくつ残ってる？』

『まだ一〇はある』

ブローカーと、事前にそう擦り合わせてね。

ときにはブローカーから営業もある。

『一二日に着く。五つくらい枠があるけど』

と。そんな感じで付き合いのある組織から注文を取るんだ。船は週に二回来ていた。その度に五〇キロだ。このルートは万景峰号が入港禁止される直前まで続いていたよ」

かつてこれほどまで細部に渡り万景峰号による密輸の実態が語られたことがあっただろうか。決して都市伝説の類などではないだろう。これには僕も納得した。

にしても、なぜ北朝鮮産だと分かるのだろうか。中国で密造され、確実な密輸ルートして万景峰号が選ばれているとも限らない。松本はこう理由を語った。

「もうね、北か中国かは包みでわかる。北のシャブは一つ（一キロ）ずつハングル文字の新聞紙で包装されているから。だから試し打ちなんてしなくてもボストンバッグに入ったダンボールを開けてハングル文字が覗けば、その瞬間に分かるんだ、『ああ、コレは北だ。大丈夫』って。対して中国産はビニール袋に入れてあるだけで、新聞紙には包まれてない。北のモノは最高だ。どこの誰に聞いても『こんなに良いモノはない』って。でも値段は変わらない。だからシャブ中が飛びつくわけよ」

万景峰号の話は事実にしても、入港禁止以降に始まったという米軍ルートが肯定されたわけではない。米軍と直接取引していたわけではない松本の証言だけでは、あまりに無理があるだろう。

僕はこれまでの話を頭のなかでまとめ、逆説的に訊くことで裏取しようと躍起になった。

「つまり現状、この米軍ルートから外れている密輸ルートが挙げられているんですか？」

「そう。だからルートを外れた密輸は挙げられちゃうわけ。仮にシャブが缶詰の中などに入れられていて、瀬取り段階では中身まで分からなくとも、怪しいブツの取引をした情報があれば港で調べられて一巻の終わり。それが税関がある港ならもちろん、漁港でも海上保安庁により追跡されて調べられるだけで。

それほど密輸が難しくなっているのに、どこのヤクザがやるのよ。成功か、はたまた失敗か。そんな一か八かの勝負を。

もちろんバカはやるよ。経験不足で、そこまでの知恵がないヤツは『大丈夫だろう』とタカを括って。でも、俺たちベテランは絶対にやらない。一〇〇％安全に入れるのは無理だと分かっているから。繰り返すけど、仮に失敗したら終身刑よ。いまどきシャブの密輸するヤツなんてバカだよ。

シャブは成分を分析すれば原産地が分かる。北から出てるものか、中国のものか、はたまたイランのものか。中国で出回っているもの、北で出回っているものと比べれば一目瞭然。理由は、密造が技術者の技量に委ねられるから。成分の配合が微妙に違ってくるから。造り方は同じでもその炊き方によって生成できるシャブの量が違ってくる。一キロ炊いて一〇〇グラム生成できる技量と、九〇〇グラム生成できる技量。それほどまでに違いがある。

それは一般使用者の摘発などによる微量でも分かる。だから、捜査機関はどこから密輸されたものか当然、全て把握している。そして消去法によりその密輸ルートに乗ってないものがあり、ひいては米軍ルートがあることも。

科学者が分析しなくても、見た目である程度わかるんだ。ちょっと黄色いから台湾か、コレはガラスっぽいから中国か、と。見た目レベルで違いがあるんだからもう、成分を調べたら分かるのは当然だよね」

「だからいまは米軍ルートで入ってきたシャブであったり、組織が運良く入れられたモノを日本の資金力のある組織が買う流れになっている、と」

「そう。どこの組織かは教えられないけど、新興宗教絡みの組だ。その組織は北朝鮮と中国の両方から直行便で横田に持って来られたシャブを安全に捌いている。IDがあれば、北朝鮮から中国へ運び、そこで捕まっても北へ送還されるだけ。だから何も問題なく北と中国の両ルートで仕事が出来るの」

「宗教団体と繋がりがある組織が優先的にシナモノを仕入れられる。さらにその組織と繋がりがある組織が仲買人としてシナモノを買う。そうして末端の売人や客まで流布される、ということですか？」

「うん。だからね、米軍ルートは取引できる組織が決まっているわけよ。ルートのない別組織が入り込むことは出来ない」

「日本の捜査機関が把握している上でのことですか」

「もちろん把握しているはず。知っていながら、なぜ覚醒剤がなくならないかとなるので、ときには捕まえるわけよ。例えば大元の組織Xから仲卸の組織Yにシャブが転売される。組織Yはさらに組織Zに降ろすため一回、覚醒剤を抱える。このときに摘発される可能性はある。そして階層が下がるとブツの転売が小分けになり取引の回数が増えるので、階層が下がり末端に近づけば近くほど摘発のリスクが大きくなる。

なにせ組織Xの取引は横田基地から商品を受け取る一回だけ。組織Yに一発で丸投げだから。一〇〇キロ抱えて、それを一キロずつ小売するバカはいない。一〇〇キロを一〇〇人に卸したら、なかには『誰々から買った』と謳うヤツがいるからね。

だから一回一〇〇キロでなくとも三〇、三〇、四〇と、ボンボンボンと三回卸して終わり。だから総卸元は安心して商売ができるわけだ」

「横田基地の時点ではキロ当たりいくらで入ってくるのでしょうか」

「キロ一〇〇万切るぐらい。安い？　だってリスクがないからね。そこから政府関係の組織にはキロ二五〇万で卸される。政府関係の組織から我々のような組織に一〇キロ単位で来るときは、キロ三〇〇万。ここからさらに小分けされるときには三〇〇から四五〇万に膨れ上がる。品不足の時期など相場によっては五〇〇万だったり、六〇〇万だったり。横田の仕入れ値と政府関係の組織に卸される値段は決まっているが、その先は相場によってマチマチだ。なかには、自分で抱えて相場を操作しようとする組織もある。倉庫に眠らせておいて、品切れになった頃に高値で売る」

相場を操るカラクリについては初老の元ヤクザ組織幹部も同じことを言っていた。オウム製の粗悪なブツを捌くため、質の良いブツの値段を上げて出し惜しみする。捜査関係者の見立てどおり、国内には常に相当量の覚醒剤がストックされているのだろう。

改めて訊いた。なぜ大元の価格は変動しないのか。

「リスクがないから。捕まるリスクがなければもう、密輸ではなく一般の商品を輸入しているのと一緒だから。末端はリスクがあるから相場が変動するわけ」

では、キロ一〇〇万が末端の一般ユーザが手にする頃にはいくらに化けるのか。

「末端に関して面倒を見てないから正確な値段は知らないけど、いまは大体ね、一〇〇グラム六〇万はすると思うよ。さらに末端になれば〇・三グラムで一万円ほどだろう」

もっともな説明だった。これを聞き、僕は「それが分かって覚醒剤の密輸から手を引いたんですか」と尋ねた。

「うん。リスクが大きすぎするし、やっても捕まる可能性が高いことが分かったから。だから俺はタイで、日本人相手に商売するだけに切り替えた。覚醒剤を買い付けに来た日本人の間に入り、あとはどうぞ好きなようにしてくださ い、と」

彼はいま、その日本人相手の密売からも手を引き、日本で暮らしている。

## 新たな証言

松本の証言は真実味に満ちたものだった。だが、事実を証明するにはやはり、新たな証言者を加えなければならない。願わくば米軍関係者、もしくは米軍に通ずる人物――。

横田には、在日米軍基地と、航空自衛隊基地とがある。そこで自衛隊関連の出版物に関わったことがある編集者を頼ると、米軍にツテはないが「それなりの地位にある自衛隊員なら紹介できる」と、話を通してくれた。

都内のカレー専門店で自衛隊関係者と対面した。

「覚醒剤が米軍ルートで密輸されているという話を聞いたことがありますか」

そう僕が訊くと、自衛隊関係者は「何をバカげたことを」といった表情を浮かべた後、理路整然と説明した。

「米国は、地域に対して三職種に権限を与えています。最も権限があるのは、コンバタントコマンダーと呼ばれる、例えば中東エリアなら、中東エリア全域を見る戦域の指揮官。もしくはその下の、大使の全権を持つ特使か、ＳＭＥと呼ばれる領域専門家。権限は、この三人のうちの誰かに限られます。

日本の場合はハワイのインド・太平洋全域を見ている指揮官が大きな権限を持っています。仮に、公的に密輸の指示が出ているとしたら、ハワイの指揮官が仕切っていないとおかしい。でも、そんな話は聞いたことがないしそれに、バレたら指揮官のクビが飛ぶ。だからあり得ないですね」

僕はこれまでの取材結果を一通り説明した後、こう質問した。

「なら横田でのシャブ取引に誘われたヤクザの話や、出所の分からないシャブがあるなどの事実は、どう理解すればいいんでしょうか」

「果たして本当なんでしょうか。仮に北朝鮮から横田へ空輸したとして、輸送機に荷物を積むには、コンテナを土台に、正方形に固めて物を入れます。それは横田に着陸した時点で検品されます。だからその時点でバレますよね。ベトナム戦争時代は、戦死者を入れる死体袋に麻薬も入れて沖縄まで運んだと聞いていますが、いまそんなことをしたら普通に告発されますよ」

「機密情報だったとしても、ですか？」

「もちろんです。米軍に、麻薬を運ぶとか、暗殺を専門にするとか、そんな闇の仕事をするような機関は存在しませんから。国外運用したパイロットは必ず検疫を受けます。なので組織的な密輸は必ずバレますよね、検疫の検査員を懐柔しているなら話は別かもしれませんが。

でも、逆に聞きたいくらいです。あれだけの人数がいて、厳重に検査をしているなか、周囲に漏れず、検査をパスして密輸できる技があるならば。

ちなみに米軍はクリントン政権時代に麻薬と同性愛が蔓延したのを契機に、現状、覚醒剤など麻薬についてかなり厳しく取り締っています。同性愛についてはエイズや梅毒などの性病の蔓延を防止するためです。

また日本にいる限り米兵は、裏の仕事をしなくてもかなり裕福な暮らしです。住居はもちろん、水道光熱費などインフラもタダ。そのうえ派遣手当もある。我々が額面で月給五〇万ほどに対し、彼らはかなり下の階級でも七〇万以上もらっています。加えて退役時には軍人恩給まである。それをパーにしてまで、果たしてリスクを負う必要があるのか。甚だ疑問ですね。貿易時には、米軍の中でも統合医療体制があり、陸、海、空の三軍に統合医療が加わり感染症対策で検疫しています。つまり空軍だけでは完結しない。密輸が他の組織に漏れる可能性があるわけで、大きなレベルでの抱き込みがない限り難しいでしょう。特にコロナ禍で公衆衛生が強まっているいまは尚更ですね」

「国家機密レベルの話じゃないと無理、ということでしょうか」

「いや、国家機密にするにも、『機密指定』に内容を登録する必要がある。機密の内容が覚醒剤では登録ができませんよね。つまり、機密になり得ない。残る選択肢は、すべて闇でやるしかない。海軍が瀬取りか何かで密輸しているなら別として、行政の仕組みが分かっている人なら、横田から空軍が密輸する発想にはなりません。

もっとも、横田に関して、米兵個人が手荷物で覚醒剤を持ち込んでいるというなら、話は分かります。米空軍の兵士は、私物を一〇キロまで軍用機に載せて輸送することができるからです。シャブ中の兵士が私物に混ぜて持ち込み、それを個人でヤクザと取引しているなら納得できなくもない。一〇キロをオーバーしていないかの、重さのチェックだけで、中身までは確認しませんから」

納得せざるを得ない説明だった。

「四方を海に囲まれた日本は、密輸しようと思えばどこからでも瀬取りで入れられるので、結局、なくなりようがない。だから、説明のつかない事象に出くわすと、事あるごとにCIAを持ち出す層が一定数いるように、そのヤクザが吹いているだけかと。ただそれだけの話だと思いますよ。しかしながら、海は分からないことが多い。尖閣など重要箇所で展開している海自や米海軍がいない海上で漁船同士が瀬取りしていたら、残るは海上保安庁だけ。だから情報さえ漏れなければ、割と自由に密輸できると思います。

漁業組合がカギでしょうね。福岡赴任時代に、漁業組合長が工藤会に殺された件がありました。漁業組合長の知人から『漁業権を寄こせと言われていた』と聞いています。だから、漁業権をヤクザが抑えての瀬取りによる密輸などわけないでしょう」

漁業組合長が殺された件とは、一九九八年二月、北九州市小倉北区のキャバレー前の路上で、同市若松区の元脇之浦漁協組合長（七〇、当時）が頭や胸を撃たれて死亡した事件である。北九州市が一九九六年に総事業費一〇〇〇億円の響灘《ひびきなだ》ハブポート構想を公表して以降、工藤会がその利権を狙っていたことが背景だとされている。

「つまり漁業権を抑えたヤクザ組織が密輸することは……」

「簡単でしょうね。残念ながら」

自衛隊関係者は、海上自衛隊員も経験済みとのことで、密輸の水際捜査についても詳しかった。

「捜査のメインは海上保安庁ですが、ときおり不審船が日本の海岸線に不時着する報道があるように、結構ザルだと思いますよ。そもそも、『船積み前検査に関する協定（通称、ＰＳＩ協定）』により、他国からの情報頼りになってしまっていますから」

一九九五年に制定された、ＰＳＩ協定。船積み前検査は、輸入国から指定を受けた船積み前検査会社が、輸入国の税関当局に代わって商品の船積み前において輸出国の領域内で商品の検査を行い、証明書を発給する制度である。これにより、国際法上、民間船においては日本の海域で勝手に調査しているなど不審な動きがない限り臨検ができない仕組みになっているという。

さらには、船と船同士が洋上で荷物を積み替えるなどの不審な動き、つまり瀬取りをしていても、海上保安庁はすべての船を監視できているわけではなく、「小型船同士なら分からないでしょう。広域に渡り、細部までは監視できませんから」と、自衛隊関係者は語った。

僕が、「一説には、衛星の監視システムはタバコの銘柄まで見えると聞いています」と松本の言葉を持ち出すと、「高精度の衛星なら、タバコの銘柄など細部まで監視できるのは、事実です」と言った。そして続けた。

「情報などから事前に追跡していて、その船をピンポイントで監視するなら可能です。そうして細部まで見るには、狭域に特化した高度何千キロレベルの衛星で監視することになる。なので、位置情報を把握していないと。

対して広域で監視できる静止衛星は、赤道上空の高度約三五・七八六キロメートルの円軌道（静止軌道）を、地球の自転周期と同じ周期で公転している人工衛星で、視野が広い反面、精度が悪い。つまり、他国からの情報がない限り無理でしょう」

「別のヤクザは直径三〇センチ以下だと見られない、とも」

「衛星もモノによるんです。だから見られない衛星もあれば、そうでないものもある。日本の軍事衛星では見られません」

春原剛の『誕生 国産スパイ衛星 独自情報網と日米同盟』（日本経済新聞出版）には、軍事衛星の精度の詳細が記されている。

それによると、二〇〇五年の時点で、地上を撮影する光学衛星と、夜間や曇りの日でも撮影できる合成開口レーダー（ＳＡＲ）衛星という二基の国産衛星が、一日に一、二回程度、日本の安全を守るために随時、必要な情報を政府中枢に送り続けている。だが、その能力や体制は、いずれも万全とは言い難い。

「日の丸衛星が上がって、格段に情報収集が改善されたかと問われれば『そんなことはない』というのが正直なところ」

ある日本政府関係者が漏らしたという言葉が現在の状況を端的に物語っていた。

自衛隊関係者は、軍事衛星の現状についてこう証言した。

「日本の軍事衛星の精度は、ここから上がっていません」

そして米兵個人の密輸は別として、米空軍による組織的な密輸を否定し、いまも大規模な密輸はヤクザによる瀬取りで行われていると強調した。だが、最後に米海軍ルートの可能性だけは示唆した。

「米海軍は、北朝鮮や中国の新船を拿捕して臨検し、薬物や大量破壊兵器に繋がるようなヤバいものを持っていたら押収します。そのとき押収した覚醒剤を横流しする程度ならあるやもしれません。なので、あるとしたら横田ではなく、海軍がある厚木などでしょう」

後にこの言葉が、別の証言者により色濃く裏付けされるとは思いもしなかった。

## 機密指定にすらならない

自衛隊関係者の取材を終えてから数日間、否定された横田ルートの線が諦めきれず僕は、米軍と直に繋がっている人物に当たるべく、過去に取材で知り合った複数人にＬＩＮＥで「米軍に知り合いはいませんか?」と質問を送り新たな証言者を探した。単なる当てずっぽうではない。窺い知る経歴から人脈の広さを見込んでのことだ。

それに「取材ですか?」と反応したのは、米国政府関係者の越塚（仮名）だった。

まずはＬＩＮＥで「ヤクザから米軍ルートで覚醒剤が輸入されていると聞いています。事実ですか?」と尋ねた。

突拍子もない質問だったか。既読になることがなく、一日が過ぎた。が、次の日、米国大使館に深く入り込んでいる彼は、証拠が残るのを恐れてか、驚いた様子でＬＩＮＥではなく電話を掛けてきた。そして言った。

「その話ですか。でも、これ、最高機密ですよ」

回答に驚いたのは、僕の方だ。

「どんな媒体で書くんですか?」

「いま覚醒剤の取材をしています。単行本に纏める予定です」

「新聞や週刊誌じゃない?」

「ええ」

「ならお話ししますよ。電話ではアレなんで、どこかのホテルのラウンジで会いましょう」

どんな優劣で取材を了承してくれたかは判然としなかったが、とにかく彼の基準では単行本やイエローメディアなら話してもいいと言う。恐らく報道に値しないという、彼なりの保身なのだろう。


かくして二〇二〇年末、僕は指定された新宿の某高級ホテルのラウンジで、越塚と落ち合った。五〇人は優に入れそうなほど大きなフロアに、コロナ禍で客が他に若いカップルしかいない。周囲に話が漏れづらい環境だ。

越塚は窘《たしな》めるように切り出した。

「どこの国でも触れちゃいけないものがあるんです」

触れちゃいけないものとは、何か。米軍が麻薬を密輸している実態である。

事前の電話の段階でも、彼は念を押すように言った。麻薬は昔から戦略物資です。その名残で、いまも利権構造が続いている。米軍とアメリカ大使館は別物だ。平壌《ピョンヤン》から横田基地に直行便を飛ばすには、日本政府の許可はいらないけど、アメリカ大使館の許可がいる。でも軍がやっていることだから、許可は出すけど何を運んでいるかなど詳細までは干渉しないんです。

「だから、これからお話するのは、あくまで米軍関係者から聞いた話だということを了承ください。私が直に関わっていたら良かったんでしょうけど」

本来なら当事者からの証言が取りたかったが、多くは望むまい。とにかく話を聞こう。

ホテル側が用意した紙製のケースに布マスクをしまうと、まず彼は直行便がある証拠に、スマホであるネット記事を見せてくれた。韓国系アメリカ人三人が反政府行為罪などで北朝鮮で拘束され、労働収容所に勾留されていた懸案が解決され、米朝首脳会談に向けた調整が進む契機になった解放劇である。

**◆北拘束の米国人三人を解放…横田基地に着陸か**

アメリカのトランプ大統領は日本時間の九日夜、北朝鮮に拘束されていたアメリカ人三人が解放され、訪朝していたポンペオ国務長官とともに帰国の途についたことを明らかにした。

東京にある在日アメリカ軍・横田基地の映像では、九日夜一〇時半ごろ、ポンペオ国務長官と拘束されていたアメリカ人三人を乗せたと見られる飛行機が着陸した。

（「日テレ NEWS24」二〇一八年五月九日）

記事を読めば直行便があることは明らかだ。目にはしていたが、流し読みしてしまっていたことではにかむ僕と、何をいまさらといった感じで表情一つ変えない越塚。仕切り直して質問に転じた。

「長く覚醒剤のシノギをやっていると、ヤクザ同士の横の繋がりからどこの組織が密輸した荷物かが分かる。でも最近は、出どころ不明のシャブが市場に出回っている。だから米軍経由で横田から入っていると確信していると、実際に基地でのシャブの取引に誘われたヤクザから聞いています」

「報道の通り、まず、北朝鮮から横田基地への直行便はあります。そして横田基地を拠点に麻薬が日本へ入って来ているのも、事実。空路もそうですが、海路も使われてる。むしろ海路の方が主流ですね」

驚いた。空路の横田ではなく、米海軍による海路の点が、先の自衛隊関係者の見立てと一致するではないか。

実名報道でないならいくらでも言える。所詮、匿名の男のたわ言だと思わないで欲しい。本題はここからだ。

「海路……つまり瀬取りですか?」

喉を鳴らして少し考えた。それでも会話が途切れない間に反応はあった。

「瀬取りって言うんですかね。まず大型タンカー等で積荷が来ます。対して米軍は、基地から通常業務で出航している軍艦や空母でその大型タンカーと日本の海域一〇キロ手前で落ち合い、普通に積み替えることもあれば、リモコンで操作すると浮き上がってくる特殊な装置が組み込まれた重りを付けて海中に落として、後にＧＰＳで探して回収することもありますね」

さらにビックリだ。海上保安庁の巡視船のような中型船ならまだしも、軍事演習さながらに軍艦や空母で引き取りに行くなんて。果たして本当か。なぜそこまで詳しく知っているのか。

僕の訝しさを孕んだ表情を察知したかのごとく、言った。

「雑談するなかで、手口を聞いたばかりか、潮の流れが強くてグアムまで流れて行ってしまい大変だったことがある、と溢していましたから」

「瀬取りと言ってもヤクザや横持ち屋が小型船や水上バイクで回収するレベルの小さな話ではない、ということですか？」

「はい。現状までは把握していませんが、数年前までは毎週火曜日と木曜日、それが何年も続いていました。そうして曜日だけは決められているが、タンカーはもちろん時間も計画的にずらして遂行されているので、いつ、どの船で輸入されているかは特定されないようにはなっています。

またアメリカからは大麻、コロンビアからはコカインが大量に入っている。もちろん北朝鮮などから覚醒剤も。こうして軍関係者が組織的に動く場合もあれば、個人でやって私腹を肥やしている米軍幹部もいます」

「個人でやる手口とは？」

「米兵が、車など私物を輸送する際にトランクに詰めてきたり。もちろん私物に関してはノーチェックだから、わけないことです。麻薬は利幅が大きいからめちゃくちゃ儲かっている。みな高級外車を乗り回しているそうです。

ちなみに大使館員や外交官は空港に限らずどこでも手荷物検査などありません。空港から先は外務省のハイヤーなので日本の捜査機関による検問もスルー。検査をすることが外交問題になるからです。これは、アメリカに限らず他の国の大使館員や外交官でも同じこと。なので、米兵に限らず個人が持ち込むことも少なくないでしょう」

素人目に見ても、もっともな意見に思えた。後に公安警察関係者に伺いを立てると、「そもそも公安調査庁や警視庁が直接コンタクトできない。全て外務省を通さなければいけない決まりだ」。真に治外法権だと力説したのである。

別れ際、僕が「この話は機密じゃないんですか。国家機密なら、『機密指定』に内容を登録する必要があるんじゃないんですか」と、先の自衛隊関係者の言葉を持ち出すと、越塚は子どもを諭すように言った。

「最初に最高機密と言ったでしょう。だから機密指定にもなり得ないんですよ」

年の瀬だというのに人の往来がいくぶん少ない新宿の街をひとり、僕は歩いた。取材のメモ書きが記された手帳を手に、越塚から聞いた話を反芻しながら、ひたすら歩いた。取材の手応えから、終えた直後は米軍ルートが確信に変わっていたが、はたと気づくと半信半疑に逆戻りする自分がいる。証言者、それも複数いるのにそれだけでは満足できない取材というのも不思議な感じだ。

「うーん、どこまで書けるかって感じですね。難しいですね」

翌日、僕は担当編集者に、居ても立ってもいられずこの結果を報告し、意見を仰いだ。その結果、出てきた反応がこれだった。

我が国に蔓延する覚醒剤をはじめとするクスリの総量のうち、約三割が横田基地を拠点に米軍ルートで密輸されているなんて、いったい誰が信じるものか。その困惑、もっともだ。

しかしながら、日本から覚醒剤がなくなっていないのは、事実である。コロナ禍で旅客機の往来が皆無に等しくなっているのに、少なくとも一般客を装う運び屋が淘汰されている現状に関わらず品不足になっていないのも、事実である。取材で得た確信が、また不安定へと変化する。考えれば、考えるほど、信念がグラグラと揺れる。

この白い粉は誰のものなのか。正規の医薬品のように製造元や販売代理店の名前が記されているわけではないし、犯行時に一連の密輸ルートを追った記録映像などの決定的な証拠があるわけではないから、こうして関係者に話を訊いたり、資料で補足などして多角的に状況証拠を積み重ねるしかない。

事実、和久井の証言から取材を始め、数多の関係者と面会を重ねてその検証を繰り返すことで、事態は大きく前へと動き出した。多少の誇張は含まれているかもしれないが、和久井の証言の大部分は真実で、日本の覚醒剤史の大部分が紐解けたのである。僕はそう見ている。

だが、僕にいまあるのは、警察幹部が被疑者に対して行った密室での取り調べを〝秘話〟として語れば真実だとされるが、ことヤクザが語れば信憑性が担保されない話として片付けられてしまう、そのジレンマだ。いずれにせよ、僕にも全てが一〇〇%真実だとは言い切れないことが悔やまれる。

# 第七章 ◉ 日本で一番悪い奴ら

警察と〝エス〟

「大使館員が外交特権で空輸しているんじゃないかと思うけどね。治外法権により米軍が？やってると思うよ、オレ」

二〇〇二年に覚せい剤取締法違反（使用・営利目的所持）と銃刀法違反の罪で収監され、二〇一一年に刑期を終え、いまは麻薬中毒者のアドバイザーとして活動している元北海道警察・生活安全特別捜査隊班長の稲葉圭昭《いなばよしあき》は言う。

事実、これらの〝特権〟を駆使すれば密輸など実に簡単で、日本の捜査機関により挙げられる要素が見当たらない。和久井が扇動した一九七〇年代からの「第二次覚醒剤禍」では韓国大使館員が跋扈し、フィリピン・ルートで暗躍した渡辺は、フィリピン密輸取締本部と麻薬取締本部から嘱託依頼された捜査官で、アメリカ合衆国司法省のDEA捜査官を抱き込んでもらったフィリピン政府軍ビクータン基地麻薬取締本部の嘱託員である証明書を免罪符にした。和久井が「イメルダがワタナベゲンを切った」と証言したように、それを良しとしない出国側の政府からの密告でもない限り発覚しようがないのだ。

立場を悪用していると言わざるを得ないが、確かに稲葉も同様の話を聞いていた。

「仕事で頻繁に行ってる会社役員が、北朝鮮の人間から『シャブが何キロかあるんだけどお願いできませんか?』と誘われたんだって。中国と北朝鮮は隣同士で陸続き。なんでも両国は貿易が盛んで、中国に北朝鮮の物資が入ってきている。自然、シャブの話になり――というのがコトの経緯だと。

その会社役員は中国の政府関係者と昵懇《じっこん》で、帰国時に中国の大使館員にアテンドしてもらうとなどわけない。もちろん大使館員は税関もノーチェックだ。空港には大使館の車が待っているから、国内での移動も野放し状態らしいからね」

決して遠い昔の出来事ではない。稲葉がヤクザからこの話を聞いたのは、ここ数年のことである。安全に、いそいそと覚醒剤を密輸して大金をせしめられるなら、不埒な行動を起こすのが人間というものだ。僕だって話に乗ってしまうかもしれない。

「だから一キロ、二キロを日本に持ち込むなんてわけない。直ぐに捌けるし。結局、このルートが最も安全だと、俺も思うよ」

稲葉にも、北海道警察銃器対策課にも〝特権〟はないが、道警銃器対策課に属していた二〇〇〇年四月には一三〇キロの覚醒剤を、同年八月には二トンの大麻を、それぞれ税関職員を懐柔して組織的に密輸した。

この密輸は「クリーン・コントロールド・デリバリー（CCD）」、すなわち覚醒剤や拳銃の取引を数回見逃して犯人を泳がせ、最終的には密売組織を摘発する捜査手法である〝泳がせ捜査〟と位置付け実行された。が、道警察銃器対策課は、大量の麻薬を手引きした挙句に何の成果もないという重大な過ちを犯す。

泳がせ捜査の話を持ってきたのは、〝エス〟、元ヤクザの情報提供者だった。

「エスが一旦は拳銃二〇〇丁を密輸するが、後に何の罪もない中国人を拳銃もろともパクらせるから、代わりに、まずは三回、関東のヤクザが密輸するシャブを見逃してくれというんだよ。

エスは、元々は道北の暴力団組員。その組はシャブ屋で、エスはシャブの密売で名を馳せ本部長にまでなり、本人曰く自分から組をやめた、と。これは後々分かったんだけど、実は俺の高校の先輩だった。組が抗争事件を起こすなか、警察の窓口になっていた。そんな経緯で暴力団をヤメた後にオレのエスになった。

実現すれば、実績はもちろん巨額の予算も手にすることができる。道警銃器対策課にとっては願ってもない話だった」

道警はためらうことなく計画に乗った。問題は薬物の入った積荷をいかにして税関を通すか。幸い道警と函館税関は人的交流があるなど密接な関係にある。警察にノルマがあるように、税関にも水際での拳銃や薬物摘発件数の割り当てがあり互いに貸し借りしてきた過去があるから、それならいっそのこと税関に腹を割って計画を話し、密輸する薬物を検査にかけずに通関させるように頼んでしまえ――税関は了承し、荷揚げの場所は石狩湾新港に決まった。

大規模な密輸は道警と税関の合同捜査の建前で口火を切った。拳銃欲しさに覚醒剤を見逃すという、とんでもない秘密を共有しあっている同調圧力からなのか、これが犯罪行為である疑問など誰も声にしなかった。稲葉は「ほんと、狂っていた」と当時を回顧する。

いざ決行することになり、エスから「香港から覚醒剤一三〇キロが石狩湾新港へ向かった」と稲葉は連絡を受けても良心の呵責などこれっぽっちもあるはずがなく、石狩湾新港に入る日時と船の名前を税関から道警に出向していた男に伝え、税関に連絡してもらった。覚醒剤入りのコンテナは検査されることなく通過する。

稲葉は言う。

「石狩湾新港には、NACCSという大型X線検査システムがあり、通常はそれにコンテナごと通す。すると中身が分かるらしい。港に着くと、船の上から税関に積荷が記された書類（マニュフェスト）をファックスする。書類上〝トイズ（おもちゃ）〟と記され、実際にも覚醒剤は、大量のぬいぐるみに紛れ込ませて隠されていた。

それで順番待ちをしてＮＡＣＣＳを通って入ってくる。話がついていたので、普通なら調べれば中身など一目瞭然のところ、まあ、すんなり入った。

香港からというのは、あくまでエスからの受け売りであって、正直なところ定かではない。だから実際の原産国は北朝鮮かもしれない。

でも高木さんがヤクザから聞いた話では、北朝鮮産は新聞紙に包んであるんでしょ？　そんな野菜の直売所みたいに雑な梱包の仕方じゃなくて、ちゃんと綺麗に商品化されていた。覚醒剤は一キロずつ、コーヒー豆を入れるような茶色い麻袋に入っていて、さらに厚手のビニール袋で粉砂糖のように梱包されていた。

色？　白だね。実は泳がせ捜査が組織ぐるみで行われた物証になるかもと考え、一キロだけ抜いて、一〇〇グラムだけ自分で保管し、残りの九〇〇グラムは付き合っていた他のエスたちに渡し、彼らのシノギにした。モノは良かったよ。クレームも来なかったようだし」

稲葉が成功したことを上司に報告すると、

「これで俺たちも重い十字架を背負っていくことになったな」

上司が漏らした言葉を昨日のことのように思い出す。

## 狂った歯車

果たして覚醒剤一三〇キロを手にしたエスは、しばらくしてから突然、連絡を絶つ。携帯電話は不通になり、自宅を張り込みしても帰ってくる様子はない。

関東のヤクザを出し抜き、事前に、独自に香港マフィアとコンタクトを取っていたエスは、道警と税関と関東のヤクザを思いのままに操り翻弄させて、自分だけで密輸計画をやる絵図を描いていたことが発覚する。エスは覚醒剤を別の組織に横流しして、末端価格で少なく見積もっても四〇億円を手にし、どこかに高飛びしたに違いない。

ともかく、拳銃の話は反故にされ幻と消えて、関東のヤクザに覚醒剤の密輸を手引きしたことを暴露されかねない道警銃器対策課は、ヤクザの要請により二度目の計画、チャカと引き換えに大麻二キロを密輸させることを承諾する。

素人に騙され、自分に実入りが一銭もないままで引き下がるはずもなし。よく言われるように、確かにヤクザは痛いところを突くのが上手いらしい。狂った歯車は自然と動き出した。

前回と同様に大型のコンテナに入れられた二トンの大麻は、シンガポールから釜山を経由していったん神戸に寄港し、その後に石狩湾新港に向かった。

しかし石狩税関の職員は、「もうやりたくない」と怖気づくのだった。

稲葉は言う。

「それでいったん保税倉庫に回されていた。保税倉庫では、経由地で一時的に荷揚げした貨物や、市場の状況でまだ通関させたくない荷物のほか、不審な積荷も預かる。

その日の夜、ブツを確認しに行ったら保税倉庫にまだあった。麻袋で包まれたブツの中身を確認すると、大麻は厚み三センチでLP版レコード大にガッチリと圧縮されて、厚いビニール袋で密封されていた。それが二〇〇〇個もあった。計二トンだ。

税関から出向していた男に、『なんとかしろ』と圧力をかけると、石狩税関の職員は二日間にわたる説得の末にしぶしぶ首を縦に動かして頷いたらしい。それでなんとか無事に通関し、関東のヤクザに引き渡すことができた」

関東のヤクザとの約束は三回だ。拳銃の摘発に行き着くためには、何としてももう一回、税関にハッパをかけて麻薬密輸を手引きしなければならない。

それには、ひとまず二回の借りを返す必要があるだろう。道警銃器対策課が出した結論は、またも犯罪行為に落ち着いた。

函館税関小樽支署と道警銃対課が小樽港でロシア船籍の貨物船オストロフカ号の船内から、拳銃二〇丁、実弾七三発を押収したのは、二〇〇一年四月のことである。

「ロシア船に拳銃を仕込み、それを税関に摘発させるように仕組んだ。この拳銃は、オレが用意した。この時代、他の職員も少なからずロッカーに拳銃を保管し、銃器対策強化月間に合わせて〝首ナシ〟として出していた。オレの手元には常時、数十丁の拳銃があったから」

〝首ナシ〟とは雁首がない、すなわち所有者不明の拳銃のことである。

稲葉が続ける。

「税関が大量の拳銃を欲しがったのは、二回も薬物密輸を黙認したので、それが譲れないラインだったんだろう。まずは税関が情報を掴んだことにして、後に道警銃器対策課がガサをかけて押収した。オストロフカ号の船員たちからすれば、身に覚えのない拳銃を押し付けられたんだから、本当に申し訳ないと思っている」

まごうことなきマッチポンプだが、北海道で史上最多の拳銃を摘発したことで、確かに税関に花を持たせることに成功し、また道警も大きく株を上げた。

だが、直後に稲葉は人事で銃対課から生特隊へと異動し、これまで泳がせ捜査に関わってきた上司たちも他部署に移る。世紀の大作戦は三回目を待たず、自ずと幕を下ろした。

## 違法捜査

密輸のカギになる税関を抱き込む手法を改めて紐解くために、話は戻る。

道警銃器対策課がエスの提案に乗ったのは、警視庁による「何がなんでも拳銃挙げろ」という号令により、各県警が拳銃捜査に血眼になり、「実績を上げる為には多少の違法行為は仕方がない」という風潮が警察組織内に充満していたからだ。

当時、道警に銃器対策課が新設されることになり、防犯課長は本庁からの指令を受けて発足式で捜査員たちにハッパをかけた。

「一丁でも多く出せ。手段は問うな」

稲葉はこう回顧する。

「いまでも忘れないよ。『カネ（捜査費用）はある。必要だったら買え！』とまで言われたんだから」

防犯課長に心酔していた稲葉は、「そこまで言うなら」とエス全員に「とにかく拳銃を持ってこい」と号令をかけた。

首尾よく稲葉の元に拳銃が集まる。あるエスは拳銃のありかの情報を寄こし、別のエスは「首ナシでよければ」と拳銃そのものを届ける。各県は競い合うように手段を選ばす拳銃を集める。それが当時の警察の狂った実態だ。

しかし稲葉に言わせれば、それが仇となる。

「本来は拳銃と覚醒剤は別に考えた方がいい。覚醒剤は暴力団のシノギ。一方、拳銃をシノギにしている暴力団などほぼいない。要は拳銃なんて、捜査をしてもオイソレと出るもんじゃないの。薬物捜査とはワケが違う。実際にはマトモな捜査で出したこともあるけど、そんな簡単に出るもんじゃない。なかなか出ない、どころの話じゃない。シャブより数百倍は難しい。オレが純然たるガサで出したのなんて片手に満たないくらいで、それでも多い方なんだから」

どういうことか。

カネを払ってでも拳銃を出させる。そのためには、暴力団と取引して相手に貸しを作るということだ。資料によれば名古屋税関管内の港で密輸入される拳銃の摘発件数は、二〇〇六年までの六年間でゼロである。それほどまでに拳銃の摘発は困難なのだ。

「兵庫県警が何百丁かの拳銃を出してきたことがあった。暴力団との取引か、はたまたハメたか。察するに相当の貸しを作ったハズ。薬物が絡んでいるかどうかは分からないけどね」

本庁に研修に行くと、当時の銃器対策課の幹部から「高知県警もすごい。バンバン拳銃を出している」と煽られた。

道警銃器対策課の場合は前述の通り泳がせ捜査により三回の薬物密輸を見逃した。ひとたび犯罪に加勢すると、もう後戻りはできない。ヤクザに足をすくわれて、気づけば税関もろとも泥沼だ。

「上層部の思惑は単純に国内から拳銃をなくそう、ということだったんだと思う。けれど、拳銃がなかなか出ないことは実務上はっきりしていて、じゃあ首ナシでも、今度は自首でも、と自首減免規定を作り、普通に拳銃を挙げた場合の刑期が当時は懲役一年ほどのところ、自首すれば、ほぼ一〇〇％の確率で不起訴。本人の経歴にも傷はつかないし、逮捕もしない、と」

稲葉が自首減免規定について、さらに詳しく続ける。

「刑務所には行かないし、前科も付かない。作文的な自首調書を作り、一応は送検するけど、結果は不起訴になる。検察庁との密約でそういう決まりだった。丁数（拳銃摘発のカウント）を上げるためにね。誰が音頭を取ったのかは知らないけれど」

泳がせ捜査以外にも、拳銃を出させる取引はいくらでもあった。稲葉の知り合いがスピード違反で捕まり、上司に掛け合い握りつぶしてもらうと、上司はその代わりに「そいつに拳銃持たせて自首させろ」と要求した。エスにカネを掴ませてロシアに行かせて拳銃の密輸ルートを作り、持って来させたところを捕まえようと企てた。愛知県警に異動した昔の部下から「拳銃、なんとかなりませんか?」と相談されたときには、名古屋税関と組んでの良からぬ動きも察知した。道警銃対課の陥った状況がそのまま全国で競い合うようにして同時多発的に湧き上がったと予想されるのだ。成果は権威に、権威は予算に直結する。

稲葉は続ける。

「その号令はオレが逮捕されるまで続いた。オレの逮捕を契機にヤメたんだから。『拳銃挙げろ』は法律じゃなくて、単なる号令。ただし、拳銃捜査をするにあたっての法的な根拠は元々あった。銃砲刀剣類所持等取締法――一九九四年に自首減免規定が出来て、翌年に囮捜査もOKになった。首ナシに関しての条文はないけど。違法もいいとこだよね。なにせ自分たちでコインロッカーに入れて『ありました!』と自作自演もしたんだから。普通に不法所持で逮捕だよ」

つまり法律的にはいまも続いていて、条文もあるが、稲葉の逮捕を契機に潮が引くようにして形骸化したわけだ。

「俺がパクられたら道警から銃器対策課もなくなったんだよ。ビックリしちゃったよ、さすがのオレも」

稲葉の逮捕劇はマスコミにより全国にバラまかれ、やがて『恥さらし　北海道警　悪徳刑事の告白』（講談社）とのタイトルで書籍化されたばかりか、『日本で一番悪い奴ら』と改題し俳優・綾野剛主演で映画化されて全国上映されるまでに至る。

拳銃の撲滅作戦よりも、警察組織内で起こった不祥事が臭いものに蓋をするように優先されるのは、当然といえば当然だ。

## ロシアと北海道

稲葉は北海道のヤクザ組織の密輸の手口も熟知していた。

エスがいたシャブ屋は直接、韓国から密輸していたようだ。九州沖で瀬取りをして、いったん九州の陸地で保管する。それを注文に応じて車で北海道に運ぶと説明した。

船で海を渡って北海道の港から入ることはないのだろうか。なにしろ地理的な優位性がある。何もわざわざ九州を経由しなくとも、香港や台湾、ロシアから直接入れれば。素人考えながらその方が手っ取り早いに違いない。

「北海道にはそんな力のあるヤクザはいない。オレの知る限りだが、やはり九州で瀬取りした覚醒剤を陸路で北海道に持ってくる。北海道のシャブ屋が九州で瀬取りする情報が入り一度、福岡県警と合同で捜査して陸揚げしたところで捕まえて、シャブを偽物に入れ替えてクリーン・コントロールド・デリバリーして、旭川に入ったところで受け取った人間を逮捕したこともあるからね」

「意外ですね。ロシアからは覚醒剤が入らないんですか」

「ロシアのエスにシャブを持ってこいって言ったことがある。でも葉っぱ、ハシシ、ヘロインはあるけど、シャブだけはないんだって。

ロシアからの薬物はもちろん、船で入ってくる。瀬取り？　そんな大量じゃなくて、まあ手で持って来られる量でせいぜい数十キロ。葉っぱはね、ほとんどタダ当然にお土産みたいにしてもらってたの。黒いビニール製のゴミ袋にパンパンに入れて留萌《るもい》港に持ってきた。一〇キロくらいかな。当時、ロシアのエスが中古車を買い付けに来ていた。カラの大型フェリーで中古車を買いに来て、ついでに持ってくる感じ。

検査はもうノーチェックよ。もちろん税関とかあるはずなんだけどね。でも、まあ、『これはいくらでも入れるな』と思うほどザルだったよ、当時は」

密輸はダーティでおっかないはずなのに、なんとも無法地帯なことだ。松本も「昔は穴だらけ」と言っていたように、二重底に加工したカバンだ靴底だブラジャーだと、かつての税関の検査体制はそれほど緩い。これまでの取材で同調できる。

大型密輸案件でも当時の状況からすれば簡単だ。瀬取りのような危ない橋を渡らなくとも、ヤクザがエスとして警察に餌を撒き、警察が税関に餌を撒けば、正々堂々と正面から突破できる。警察はエスなど情報を得るための道具の一つという認識なのかもしれないが、この食物連鎖のような関係からすれば、ヤクザは犯罪ヒエラルキーの頂点に位置すると言えなくもない。

しかし松本は、その頂点は既にヤクザではなく、「我々は米軍ルートには勝てない」と米軍や外国人マフィアが日本の薬物事犯の刑期が上がったことを逆利用して牛耳っていることを示唆していた。

「誰が密輸したかが分からなかったり、あるいは日本のヤクザが瀬取りをするのではなく、もう外国人に出荷から陸揚げまでをお膳立てしてもらっている。そうして日本に入ってきたシャブを、市場の仲買人のようにして資金力のある組織が買って商売する流れになっている」

実に合理的なシステムだ。陸揚げされたシャブを買い付け国内で捌くだけならヤクザはお手のもの。対して外国人マフィアも密輸料を乗せてヤクザと取引できる。外国人マフィアの勃興については、既にイラン人密輸密売グループを例に、報道資料を引用して記した。改めて引用すると、「県警は、四人が覚醒剤の密売グループの一員で、製造にも関わっていたとみて調べている」との一節があるように、かつてはプッシャーの代名詞に過ぎなかった不良外国人が、密輸や製造まで手掛けていることがわかる。米軍ルート？　誰が密輸したって安全に商売できるなら、それでいいじゃないか。

改めて松本に見解を訊かせてもらった。

「それこそカタギのオッサンが自分で密輸しても問題ない。ヤクザもんからすれば、誰がやろうが安全に仕入れられればそれでいいの。縄張りを荒らされた？　そんな映画みたいな世界じゃない。リスクを負って密輸してくれる彼らに、何を怒る必要があるの。

ただし悪さは許さない。カネは払うがシナモノを持って逃げたり、粗悪なブツを掴ませたり、はたまたチンコロしたり。そういうヤツらには『探せ！』と指令を出して弾いちゃう」

米軍や外国人マフィアがヤクザより上に立つとすれば、それは過当競争が起こり下請けを甘んじて受け入れているのではなく、時代の変化に合わせてシャブ中たちからカネを搾り取るための手段に過ぎないだけだ。

裏では〝特権〟を持つ者たちや、リスクを顧みない外国人たちが自由を享受している。だからこそ成り立つ構図と言えるだろう、多くの曲折を経て成熟したいまの水際捜査体制のもとに。

# エピローグ

　都内北部のうらぶれた雰囲気が漂う喫茶店で、初老の店主は、窓から薄暮の空を確認すると、政府が発令した四度目の緊急事態宣言を受けて早めの店じまいを始めていた。残る客は、僕と和久井だけだ。

「どうだ、取材はおおかた済んだか？」

　和久井はコーヒーカップに口をつけ、注がれたホットミルクを軽く啜った直後に訊いてきた。

「はい。でも、まだ不明瞭な部分があります」

「なんだ？」

「タイに九州の組織の覚醒剤製造工場があることを、野原はもちろん、松本も否定していました」

「いや、彼らは言えないんだよ。何度も言うけど、私は本当のことしか言ってない。それは厳然たる事実だ」

「やはり、そのしがらみから……」

「その通りだよ。彼らが関係する組織と九州の組織は昔から仲が良いからね」

「では、いま日本に瀬取りで入る覚醒剤の大半は九州ルートと見て間違いないんですか?」

「そうだな。九州の組織は、シャブの、日本一の大元締めだ。ただな、警察にしろマトリにしろ、なんとかして裏を取ろうとするができない。彼らは囮を作るんだ。その囮が捜査のマトになるだけで、本丸まではたどり着けない」

「米軍ルートに関しても、僕なりに裏取りができたと思っています。でも、誰に言って聞かせても信じてもらえず、もどかしくもあります」

それは米軍ルートに限ったことではない。第二次覚醒剤禍の発端となった和久井の告白にしても、週刊誌の獄中記があるワタナベゲンのフィリピンルートにしても同様だった。

「まあ、そうだろうな。でも、私が語ったことは、全て厳然たる事実だ」

「前に和久井さんは、日本の麻薬の総量の約三割は米軍ルートだとおっしゃっていました」

「三割の多くはコカインで、シャブはやはり九州ルート。これが大半だ。もちろん中国や北朝鮮ルートでも入ってるよ。でもな、それらはあくまで囮だ」

「オトリ?」

「九州勢は、注目を中国や北朝鮮ルートに集めさせるためにいろんな手を使うんだよ。それもダミーの人間たちに密輸させるんだ」

そのダミーとは何か、と訊き返す前に和久井が続けた。

「全国各地にダミーを作るんだよ。その昔、北朝鮮ルートから三重県沖で瀬取りした大量のシャブが挙げられたことがあった。関東の、複数の組織の大幹部たちが共同出資して仕掛けたこの大型密輸を、なぜ出資者じゃない別組織の人間にやらせたか」

「つまり九州ルートから捜査の目を逸らすため、ダミーである別組織を摘発させるように仕向けた、と」

「そういうことだ。この密輸ではみんな大損したよ」

「その別組織をパクらせるためにワザと出資した?」

「そう。私に言わせればワザとパクらせたんだろう。壮大な罠だったたんだよ。瀬取りの情報を(捜査機関に)流さなかったら捕まるわけがないんだから。そうして(捜査機関を)撹乱し、九州ルートの潔白を見せるんだよ。あとな、いまは九州ルートも組織の人間が直接手を出してない。瀬取りから運びまでカタギや外国人にさせている。だから警察が逆立ちしたって勝てっこない。ヤツらの方が一枚も二枚も上手だ」

別組織の密輸が囮で、さらに九州ルートの実行部隊をカタギにすることで密輸が連綿と続く。その手法を九州の組織は誰から学んだのか。

「江藤だ。彼がこの手法を編み出した。警視庁と一体化した江藤は、時には出資することで密輸の情報を仕入れ、他の組織を全部チンコロして挙げさせたんだよ。それで江藤の息のかかった警察の成績を上げるなどずいぶん恩恵を受けた。でも、一方で九州ルートからはシャブが入ってくるわけで、蓋を開ければ一緒だったんだよ。事実、日本からシャブは減ってないだろ。なあ、分かるよな」

覚醒剤密輸の摘発報道を年次別に追うと、直近から逆算し、少なくともここ五年以前は組織の人間が摘発されている事例が極端に減っていた。多くは中国、台湾、韓国、カナダ、タイ、マレーシア、イラン、ベトナム籍等の外国人やアルバイト、無職、会社役員などの一般人で、総件数から見積もればヤクザは、その一〇分の一にも満たなかったのだ。

さらにいえば、多くは「警察は組織的な密輸とみて調べている」と結ばれていることからも、カタギや外国人を手先にする密輸団の実情が浮かび上がる。

このことを和久井に伝え、

「確かにこれまでの取材結果でも、密輸して日本に陸揚げするまでを外国人にやらせる流れになっているとの証言を得ています」と言うと、彼は「そういうことだ」と同調した後、捜査機関のウィークポイントについても口にした。

「密輸して組織の息のかかったカタギに受け渡すまでを外国人がやったり、買収された沖縄や九州の漁船の船長たちに瀬取りをやらせたり。漁船は、瀬取りするだけで魚を獲るよりカネになるからな。瀬取りの情報がなければ捜査機関は検査なんてしない。これが盲点なんだよ」

質問は引き続き、オウムネタの真相についてだ。後藤組が、羽根組が、オウムが独自に――取材結果は三者三様の証言に終始した。誰の話も信じたいが、特に後藤組説は、関係者が「一時期、組員が上九一色村の警備をしていた」との証言があることからも有力に思える。

「正直言うよ。あのな、オウムは当初、自前でシャブを売っていたのは事実だが、結果、上手く行かなかったんだ。クスリの売買には縄張りがある。ヤクザにはメンツがあるから、勝手に売られたら直ぐに潰しにかかる。そして、大前提として後藤組はクスリが大嫌いな、ヤクザとしてプライドのある組織だ。

しばらくして羽根組の人間がオウムを恐喝した。オウムとしては、その恐喝に屈したわけではないが、もちろん覚醒剤の密造があからさまになっては困る。それでオウムは羽根と手を組んだんだ。都市伝説に迷わされるなよ」

「では、羽根組がオウムネタを捌いていたことを否定する方が複数いたのは……」

「羽根は様々な組織にオウムとの橋渡しをした。その組織からネタを引いた末端は、大元が羽根だとは知らないだけだ」

和久井の話を鵜呑みにすれば、羽根組の傀儡のようにして別組織の名前が流布したのかもしれない。

小一時間経っても来客は誰一人としていない。席数の少ない喫茶店だが、僕と和久井しかいない、いつもの光景だ。

「もうそろそろラストオーダーになりますけど……」

バツが悪そうに背後から店主が言った。僕は振り返り軽く会釈をすると、すっかり冷えたコーヒーを一気に飲み干し、和久井に言った。

「一連の取材で驚いたのは、江藤の名前を警視庁のマル暴担当記者でさえ知らないことでした」

「無理だろうな。知られたら困るのは他ならぬ、警視庁だ」

深いお辞儀をした後、和久井と別れた僕はひとり、最寄り駅から電車に乗らず自宅まで歩いた。米軍ルートの取材を終えたときのようにまた、夜道をひたすら歩いた。

なぜ覚醒剤はなくならないのか――。

その深淵なる取材テーマに、僕はまた旅に出てしまうかもしれない。(了)

## 【主要参考文献】


・『覚醒剤の社会史―ドラッグ・ディスコース・統治技術』佐藤哲彦（東信堂）
・『マトリ』瀬戸晴海（新潮新書）
・『薬物依存』中村希明（講談社）
・『靖国戦後秘史 A級戦犯を合祀した男』毎日新聞「靖国」取材班（毎日新聞社）
・『ヤクザ・流血の抗争史』（洋泉社）
・『税関概説』青木一郎（日本関税協会）
・『誕生国産スパイ衛星 独自情報網と日米同盟』春原剛（日本経済新聞社）
・『覚醒剤大百科』（データハウス）
・『恥さらし 北海道警 悪徳刑事の告白』稲葉圭昭（講談社）

著者略歴
**高木瑞穂（たかぎ・みずほ）**
ノンフィクションライター。風俗専門誌編集長、週刊誌記者などを経てフリーに。主に社会・風俗の犯罪事件を取材・執筆。著書に『売春島「最後の桃源郷」渡鹿野島ルポ』『東日本大震災　東京電力「黒い賠償」の真実』（彩図社）、『裏オプ　JKビジネスを天国と呼ぶ“女子高生”12人の生告白』（大洋図書）ほか。

Twitter（@takagimizuho2）
YouTube「高木瑞穂ちゃんねる」

カバー写真：©iStockphoto.com/blueshot

# 覚醒剤アンダーグラウンド
## 日本の覚醒剤流通の全てを知り尽くした男

2021年11月24日第一刷

著　者　　高木瑞穂

発行人　　山田有司

発行所　　株式会社　彩図社
東京都豊島区南大塚3-24-4
MTビル　〒170-0005
TEL：03-5985-8213　FAX：03-5985-8224

印刷所　　シナノ印刷株式会社

URL：https://www.saiz.co.jp
https://twitter.com/saiz_sha


ISBN978-4-8013-0568-7 C0095